讓錢自動流向你

Ways To Let The Money Flow Into Your Life.

將過去「漏財思維」打掉重練，
5步驟踏上致富之路

作者——鄭在起　　翻譯——陳慧瑜

貧富差距取決於你對錢的態度

善映最近跟妹妹聊了小時候的事情，聊到一半嚇了一跳，因為她們發現對父母金錢觀的記憶完全不同。

在善映的記憶中，父母用錢十分嚴謹。有次她向父母要求跟朋友去溜冰場的零用錢，結果被果斷拒絕了，她非常傷心。之後她也經歷過幾次類似的事情，因此她心想「我們家比較窮，所以不能隨便亂花錢」。相反的，在善映妹妹的記憶中，只要她要求，父母幾乎都會答應。例如她想學習藝術體育領域的才藝，學費比別人多出好幾倍，但父母都全力支援，讓她盡情發揮才能。也因此，善映的妹妹相信，「如果需要錢，爸媽不管怎麼樣都會湊出來，只要我成功之後再還他們就好了」。善映的父母並沒有對子女有差別待遇，只是兩姊妹各自印象深刻的事跟接收到的訊息不同。也因為訊息的影響，導致兩人對錢的態度截然不同。

每個人都想好好處理金錢，說得白一點，就是人人都想賺

大錢。各位讀者心裡的願望應該都是「真希望生活不用為錢煩惱」之類的吧！甚至因此開始學習理財、存錢投資，結果卻不盡理想。是書念得不夠嗎？還是運氣不好？如果都不是，難道是投資的錢太少了嗎？想東想西到最後，只能默默認為「今生大概要辛苦度過了」，然後摸摸鼻子放棄。

當我還是社會新鮮人時，對錢是無知的，沒有人教我，我也無心學習。我認為只要安分守己就好了，如果太關注錢財，會顯得太過「庸俗」。我當時並不了解「精通用錢」跟「拜金」之間的差異。

直到婚後成了雙薪家庭，我才開始著急。相較起來對錢更無感的妻子，將家裡的經濟大權交給了我，條件是我必須一個月報告一次財務狀況（現在想起來，妻子的策略非常高明）。沒有相關知識的我，急需可以給我客觀、專業的家庭經濟建議的良師，但我根本不知道哪裡有這樣的人。因此我開始涉獵理財書籍，學習相關知識。

2008年，我從原先任職的國家政策研究所離職，在取得國際財金證照（CFP）的同時，我也將腳步轉往金融界。不過剛好遇上全球金融海嘯，每天都在擔心「明天股價又會掉多少」，韓國綜合股價指數一度從2064掉到938（-54.5%）之後才開始回升。

2020年，新冠肺炎對全球金融市場造成劇烈衝擊，造成的恐慌甚至比2008年金融海嘯更為嚴重。將來一定也會有類似或

更強烈的狂風暴雨，經濟蕭條、股價下跌、物價上漲等新聞也會不斷擾亂我們。這樣下去，或許有一天我們連基本的生存都將擔憂不已。

美國聯準會（Fed）前主席葛林斯潘（Alan Greenspan）曾說：「**文盲雖然生活不便，但金融文盲可是會讓你無法生存。**」這句話現今仍然適用。

我在經歷兩次金融危機後，才調整自己對於錢的態度，同時也觀察出什麼樣的人才能生存下來。這些能在艱困環境中存活下來的人，共同點是他們對於自己與金錢的了解都十分透澈。他們在處理金錢的同時也不斷反省自己、培養洞察力，將生活目標與錢的屬性連結起來。為了不讓自己掉入極端的貪欲及恐慌之中，他們也有一套管理金錢的系統，與錢維持適當距離。儀式、正念、金錢信念、風險管理、資產分配等關鍵字，在這些人的資產管理中也不可或缺。

近期，從微小反覆卻被賦予特別意義的行為中，獲得成就感跟幸福感的「生活儀式」（ritual life），正以MZ世代[1]為中心廣受大眾矚目。「運動」、「讀書」、「吃維他命」等都是具代表性的生活儀式。說到儀式，沒有比錢更合適的了。各位不妨透過「金錢儀式」（money ritual），讓自己跟原先折

---

1 指於1981至2010年出生的人。是由1981至1996年出生的「M世代」（Millennials），以及1997至2010年出生的「Z世代」所合成。

磨你身心的金錢建立起全新的關係。

如果說所謂的習慣與例行公事是不斷反覆的行為，那麼儀式就是賦予這個過程意義，讓它變得大不相同的手段。儀式的本質，在於讓整個過程變成一種神聖的作業流程。

在投入「金錢儀式」時，可以深入探討人對金錢的情緒、思想跟態度。我們能確實看出自己如何「理解並使用金錢，又是如何被束縛住」。這本書可說是觀察該過程的結果及練習題。有時你可能會對陌生的提問、與經驗相反的內容感到慌張。若這些與你懸而未決的難題相關，也不妨是一種嘗試新方法的契機，對吧？你可以慢慢閱讀這本書，但請不要跳過中間任何段落。我很希望選擇這本書的你，可以達到財富自由。

協助出版這本書的人多到數不清，如果不是他們，寫書對我來說只是遙不可及的夢想。特別感謝發掘這本書的徐載弼，我的理財老師兼夥伴的FLP顧問公司代表崔玟熙，以及給予很大幫助、分享有關金錢真實故事的「金錢儀式者」們。我也想向透過生活展現出勇氣與奉獻精神的父母，表達尊敬及感激之意。最後也向仔細閱讀原稿、努力抓出錯誤的妻子李有真，以及正歷經青春叛逆期的海嫄、潤浩，傳達我深深的愛意。

鄭在淇

・目錄

序・貧富差距將取決於你對錢的態度 ……………………………………… 4

第1章 自動致富程序第一階段
掌握金錢與情緒的關係

1 超越金錢極限的方法——金錢儀式 …………………………………… 15
2 回顧金錢管理風格 ……………………………………………………… 21
3 找出解決欲望與恐懼的方法 …………………………………………… 26
4 理解環繞金錢的核心情緒 ……………………………………………… 32
5 金錢管理必備的三大心靈策略 ………………………………………… 40

第2章 自動致富程序第二階段
轉換消費觀點

1 脫離金錢的思想框架 …………………………………………………… 49
2 你需要轉換消費方式 …………………………………………………… 55
3 消費管理的基本——注意收據 ………………………………………… 60
4 購物並不是緩解憂鬱的良藥 …………………………………………… 63
5 總是覺得錢不夠的原因 ………………………………………………… 68
6 不吝惜為了將來的自己支出 …………………………………………… 73
7 正確的消費態度會決定貧富 …………………………………………… 78

自動致富程序第三階段

將自己的金錢經驗具體化

1 我自己的金錢故事——寫下財務自傳 ⋯⋯⋯⋯⋯⋯ 87

2 你對錢的最初記憶 ⋯⋯⋯⋯⋯⋯⋯⋯⋯⋯⋯⋯⋯ 93

3 母親如何對待錢財 ⋯⋯⋯⋯⋯⋯⋯⋯⋯⋯⋯⋯⋯ 97

4 父親如何對待錢財 ⋯⋯⋯⋯⋯⋯⋯⋯⋯⋯⋯⋯ 102

5 小時候家裡的經濟狀況如何 ⋯⋯⋯⋯⋯⋯⋯⋯⋯ 107

6 我二十幾歲時是怎麼看待錢的 ⋯⋯⋯⋯⋯⋯⋯⋯ 112

7 實際的理財經驗如何 ⋯⋯⋯⋯⋯⋯⋯⋯⋯⋯⋯ 117

8 我跟錢之間的關係如何 ⋯⋯⋯⋯⋯⋯⋯⋯⋯⋯ 122

9 在心裡治癒金錢問題的金融治療 ⋯⋯⋯⋯⋯⋯⋯ 128

10 影響金錢管理的金錢信念 ⋯⋯⋯⋯⋯⋯⋯⋯⋯ 132

11 小心財務舒適圈 ⋯⋯⋯⋯⋯⋯⋯⋯⋯⋯⋯⋯ 137

12 你需要自己的金錢標語 ⋯⋯⋯⋯⋯⋯⋯⋯⋯⋯ 142

自動致富程序第四階段

學會金錢管理的核心技術

1 後設認知與風險管理 ⋯⋯⋯⋯⋯⋯⋯⋯⋯⋯⋯ 151

2 儲蓄是基本中的基本 ⋯⋯⋯⋯⋯⋯⋯⋯⋯⋯⋯ 154

3 不用規劃預算 ⋯⋯⋯⋯⋯⋯⋯⋯⋯⋯⋯⋯⋯ 158

4 自我財務狀態確認法 ⋯⋯⋯⋯⋯⋯⋯⋯⋯⋯⋯ 162

5 推測生涯財務狀態 ⋯⋯⋯⋯⋯⋯⋯⋯⋯⋯⋯⋯ 172

6 幫助管理風險的保險 ⋯⋯⋯⋯⋯⋯⋯⋯⋯⋯⋯ 178

7 負債風險管理法 ⋯⋯⋯⋯⋯⋯⋯⋯⋯⋯⋯⋯⋯ 185

8 要了解才能減少的稅金風險 ⋯⋯⋯⋯⋯⋯⋯⋯ 191

9 忽略將招來大麻煩的個人信用管理 ⋯⋯⋯⋯⋯ 201

自動致富程序第五階段

第5章

理解投資成功結構

1 用投資實現財富自由 ⋯⋯⋯⋯⋯⋯⋯⋯⋯⋯⋯ 209

2 理解投資者的情緒週期 ⋯⋯⋯⋯⋯⋯⋯⋯⋯⋯ 215

3 在恐懼中買進，在貪欲中賣出 ⋯⋯⋯⋯⋯⋯⋯ 221

4 無解的股票投資也有其方法 ⋯⋯⋯⋯⋯⋯⋯⋯ 225

5 為富裕奠基的資產分配 ⋯⋯⋯⋯⋯⋯⋯⋯⋯⋯ 231

6 投資大師的投資組合 ⋯⋯⋯⋯⋯⋯⋯⋯⋯⋯⋯ 238

7 國民年金資產運用跟著做 ⋯⋯⋯⋯⋯⋯⋯⋯⋯ 245

8 個人投資者的速成品——ETF ⋯⋯⋯⋯⋯⋯⋯ 251

9 自動駕駛投資系統 ⋯⋯⋯⋯⋯⋯⋯⋯⋯⋯⋯⋯ 257

後記・現在你可以逃離金錢的迷宮，自由飛翔了 ⋯⋯⋯⋯ 262

附錄 ⋯⋯⋯⋯⋯⋯⋯⋯⋯⋯⋯⋯⋯⋯⋯⋯⋯⋯⋯⋯⋯ 264

前言

本書舉例的人物皆使用假名。

第1章

自動致富程序第一階段

掌握金錢
與情緒的關係

超越金錢極限的方法 —— 金錢儀式

　　新冠肺炎讓我們的日常生活起了重大變化，其中最大的變化，在於過去我們比較關注外在的事物，但這段時間卻讓人開始審視內心與日常。我們發現想要珍惜生活、享受小確幸的渴望，愈來愈多人希望每天都能獲得成就感，找到自己過得很好的證據。

　　儀式（ritual）即是滿足這種欲望的工具，所謂的儀式是指「固定舉行的儀式」。好比每週參加禮拜或固定時間祈禱，主要在宗教儀式上使用。比起強調儀式本身的意義，其目的較著重維持並鍛鍊自己的志向。

　　譬如早上6點起床、一天走一萬步、吃沙拉代替吃飯、讀書、寫作等，到處都是可適用儀式的方法。

　　每天早上起來把棉被整理得乾乾淨淨也可以是一種儀式，

即使你不摺棉被就出門，也沒人會說什麼（跟父母住的人可能會被念），但光是把棉被摺好，就代表你完成了一天的第一個任務。這會讓你產生完成下一個課題的勇氣，也對自己更有自信。

從這樣的觀點來看，我認為「錢」可說是必須實踐儀式的核心主題。因為錢這個東西，任誰都沒有辦法不去使用。實踐儀式的方法落有錯誤可能會面臨巨大苦痛，但如果做得好，就可以讓生活更有餘裕、更富足；而自我勝任感、滿足、幸福等，也都跟金錢緊密相關。以錢為主題的「金錢儀式」（money ritual）為何必要，原因是說都說不完的。

金錢與日常的生活有極大關聯，因此當然需要儀式。不過比起實際接觸錢，我們平常大多是透過信用卡或從網路轉帳消費，也使得「用錢」的實質意義逐漸模糊。

發薪日當天滿血的帳戶，因為各種自動轉帳、信用卡費用，很快又變回乾扁扁的樣子。根據某個求職網站的上班族問卷調查，薪資帳戶餘額從領到月薪後再回到領到月薪前的狀態，平均是12天，甚至也有人只要1～2天就會再次見底，如同「月薪從帳戶裡呼嘯而過」。

如果一直發生這種狀況，會讓人愈來愈覺得拿自己的錢一點辦法也沒有，進而產生無力感，這時沒有對策可不行！

讓你成為金錢主人的「金錢儀式」

　　以金錢為主題的儀式簡稱「金錢儀式」，就是讓自己成為金錢主人的儀式。如果你的月薪也總是呼嘯而過的話，不妨試試看金錢儀式！若覺得自己活得還算認真，卻在某天驚覺已成了乞丐，那時就是嘗試金錢儀式的時候了。若是一談到錢就莫名覺得俗氣，那也肯定需要金錢儀式。

　　該如何實踐金錢儀式，讓自己成為金錢的主人？你必須擁有很多錢才能成為錢的主人嗎？相反的，若不想成為金錢的奴隸，就必須讓自己一無所有？

　　其實，你跟錢之間的關係並不取決於錢的多寡。錢很多會是什麼樣子？假設你的淨資產是100億韓元[1]，一開始可能會感覺很好，因為可以做的事情變多了，也不需要上班看人臉色，還可以隨時出國旅行。但並非有錢就一定幸福，有錢卻不幸的人其實非常多。此外，錢多雖然很棒，但只要想到成為有錢人之前必須付出的代價，就會讓人有些不寒而慄。

　　月薪總是不夠用，但奇怪的是，即使月薪提高，你也不會感到滿足。聽旁人嘮叨「月薪只夠溫飽，沒了的話就完了！」

---

1. 約新台幣兩億元。

似乎也全非事不關己。

總覺得自己正騎著必須一直踩踏才不會倒下的腳踏車，平時無事還好，如果遇到突發狀況或是發生重大變故時，就會有問題產生。家裡有人生病或因受傷急需醫藥費、房價漲得比存款快、離職或退休後遇到危機時，才發現只夠溫飽的月薪早已花光殆盡。

此時自責問自己「這段時間都在幹嘛？」「應該要跟別人一樣關注理財的，是自己太過忽略了嗎？」「錢也不是大筆揮霍掉，到底問題出在哪？」疑難雜症接連產生，卻始終找不到答案。

金錢儀式的三階段

金錢儀式的第一階段是「**正念消費**」，即反思自己每天的支出，覺察是否與金錢建立健康的關係。講到用錢，你可能會聯想到「節約」或「吝嗇」之類的字眼，但別擔心，金錢儀式的目的並不是要你一味少花錢。畢竟過度用錢或過度吝嗇，都代表與金錢之間的關係並不健康。而正念消費的目的，並不在於「少少地」用錢，而是「好好地」用錢。

金錢儀式的第二階段是「**寫財務自傳**」，即將過去記憶中與錢相關的部分整理出來。

　　你現在因為錢而產生的問題，都不是突然發生的，而是長久以來的選擇跟信念帶來的結果。雖然有時我們會把金錢擬人化，但實際上錢本身並沒有情緒跟意圖。不過對待金錢的人就不同了。我們在面對金錢的時候，會有各式各樣的情緒，也因此打從一開始就難以冷靜、合理地看待。換句話說，我們會被對金錢的信念、偏見、扭曲的形象所蒙蔽，而無法好好直視金錢。當你在寫財務自傳的時候，會從中發現自己從來不知道的有關錢的信念，進而獲得嶄新的體驗。

　　金錢儀式第三階段是「**實現財務自由的財務管理**」。在這個階段，你會在生活中探索並實踐各種策略，使錢徹底發揮作用。首先學習錢的風險管理，再進到檢視自我財務狀態的方法、有效活用保險的方法，以及管理負債與稅金、個人信用的方式等。接著，你會觀察到達成財務自由的必備投資對策。如果此時缺少維持生活所需的金錢時，狀況一定會變得不堪設想。而第三種金錢儀式即是在你必須一肩扛起生活時，應該要熟悉並執行金融投資原理的階段。

與金錢維持適當距離

金錢儀式講究與錢維持適當距離，當錢一旦變成對話的主題，你就血壓上升或莫名覺得自己低人一等的話，代表你跟錢的關係可能太過密切，也可能已把它拋得太遠。就像離營火太近會太熱、太遠則會忍不住發抖一樣，你必須待在離金錢最舒適且安全的位置。

金錢儀式彷彿一叫即到、隨侍在側的秘書，幫助你穩住錢財。你必須讓錢跟著你前進，而非被它左右。路是自己選的，如果想前往不斷奔馳的高速公路，就要有強力的引擎跟堅固的車體；若想悠閒地前往冷清的小徑，則需要安穩的鞋子跟輕盈的裝扮。根據想選的路不同，攜帶的裝備也不一樣，錢也是如此。並非每個人都需要數十億、數百億韓元，只要具備可跟隨自己生活方向與目的前進的型態即可。

金錢儀式不會只尋求一種答案，畢竟每個人追求的生活方式都不盡相同。無論是嘗試超過既定的界限，還是開始直視過去一味避開的「錢」，只要是為了成為錢的主人而勇敢挑戰全新道路，都值得鼓勵。

回顧金錢管理風格

「了解自己的棋盤很重要,因為你必須找到下錯棋子的改善方法。」

李世乭[2]在與Google開發的人工智慧AlphaGo對弈結束後如此說道。李世乭的戰績是一勝四敗,但他是與AlphaGo對弈的人類中,唯一獲勝的職業圍棋棋士。中國圍棋高手古力在敗給AlphaGo後表示:「跟AlphaGo對弈是一件痛苦的事。」人們本來預想人工智慧再怎麼發達,在無邊無垠的圍棋世界裡,也不可能贏過人類,現在看來,這樣的預想讓人顯得有些臉上無光。

---

2 . 韓國圍棋九段棋士。

提高金錢管理能力的復盤時間

　　圍棋有一個獨特的儀式叫「復盤」，贏家跟輸家會透過這個過程，將自己下過的棋重新演練分析，並分享彼此的意見。

　　雖然勝負已分，但當事人還是會在棋局後繼續研究。復盤可能讓輸家再次嘗到挫敗的滋味，那為什麼還要這麼做？這是因為復盤這個過程，能幫助人在下次的棋局能下得更精彩。你可以藉此回顧哪裡是分出勝負的地方、哪一手是勝著或敗著。也因此李昌鎬曾說過：「復盤是敗將獲得更多經驗的地方。」

　　李世乭無法得知AlphaGo下棋的方式，他只能獨自復盤，揣測AlphaGo的意圖跟算計。而代替AlphaGo在棋盤上放棋的Google代表黃士傑[3]，也無法回答他為什麼會這樣下，只有AlphaGo自己知道。連敗三局後，勝者已確定是AlphaGo。大多數人都認為，即使再繼續對弈，李世乭也都會落敗。第三局結束後，李世乭在記者會中表示：「今天是李世乭的失敗，而非人類的失敗。」雖然因為接連輸棋可能讓李世乭精神上受到衝擊，但他當天也同樣熬夜復盤。由於這樣的執著，讓李世乭在第四局獲得寶貴的勝利。

3.臺灣師範大學資訊工程研究所博士，英國DeepMind工程師，是人工智慧AlphaGo的重要推手。

金錢管理也需要復盤的金錢儀式，這樣管理金錢的實力才會提升。只不過在圍棋中可以詢問對方的意見，金錢管理上卻沒有這種對象。這樣的處境倒是與跟AlphaGo對弈的李世乭有些類似，自己能做的，就只有詢問過去的自己了。這時如果有留下紀錄更是事半功倍，除了數字顯示的客觀事實，當時的感覺、浮現的想法、身體的感受等，都會是重要的線索。

　　若覺得徹底的計畫可以讓你做好金錢管理，可就大錯特錯了。

　　人生總會有意想不到的事情發生，或突然犯下無法理解的錯誤。這時若只想著「運氣不好」或「下次再好好做吧」，完全沒有幫助，你要想的是當時為什麼會做出這樣的判斷，以及如果再遇到一樣的狀況該如何處理。即使結果是好的，你也必須重新思考，目前的成功只是單純運氣好，還是經過縝密分析的結果。

掌握自己的消費模式

　　雖然復盤可提升圍棋實力，但這對初學者來說是天方夜譚。剛開始的幾手可能還記得住，但接下來就無法做到了。一局圍棋下的棋數之多，要一邊記著這些一邊復盤，簡直是不可能的任務。專業棋士都有特殊的記憶能力嗎？並非如此，復

盤中最重要的是所謂的「脈絡」，選手下的每一手都是有原因的，若能遵循該原因進行復盤，過程就不會這麼困難了。圍棋初學者之所以會覺得復盤困難，是因為對下的每一手較無脈絡，而非記憶問題。

不過初學者下圍棋也有其風格，像是不斷猛烈攻擊、專注防守而降低速度等，十分多元。高手會在下幾手後就掌握對方的風格，若能反過來好好利用，就能引領棋局往有利的方向前進。好比說，若對方攻擊過於猛烈，則可引誘他攻擊，弱化其防守；如果對方視安全為第一，則得以快速掌握棋局的主導權。

支出也是一樣，不管是計畫性的支出還是衝動支出，每個人都有自己的用錢風格。只記下用多少錢、花在哪裡之類的資訊是不夠的，更重要的是，你必須回想起自己在花錢時是何種狀態，你也可以在該過程中發現自己的花錢風格。

圍棋界有句名言叫「跟著對方下必輸」，這句話是指跟著對手下的每一手做反應，而失去自己的節奏，則必然會落敗。如果能在自己的支出過程中，找到針對特定刺激的自動反應，就會是一大成果。

你也需掌握用錢後的下一個模式，當你下了壞棋後，有人

會從此一蹶不振，卻也有人撐了下來。如果以「擺爛」的態度放棄，任何事都無法實現，不如探討一下是否會重複類似的模式吧。在發現該項支出不合理後，如果只停在「下次再做好一點吧」，是難以獲得改善的。你必須進到下一階段，制訂對策以應付類似情況。

　　儘管眾多理財資訊可幫助你了解一些常見案例，但當你應用到自己生活中，脈絡就會變得不一樣。就如同下圍棋，即使想按照慣例行動，當對手不按照常理來，你就必須及時應對。經濟環境、心理狀態會持續改變，因此人不能只是墨守成規。如果能將每天都當作一局圍棋，透過金錢儀式來復盤，金錢管理的能力一定會顯著提升。

找出解決欲望與恐懼的方法

　　如何才能做好金錢管理？有人認為錢要多才能做好管理，換句話說，沒有錢自然沒辦法管理；也有人主張，必須要有堅強的意志才能做到。這些觀點都沒錯，卻少了最重要的東西。為了管好錢，你必須意識到「情緒會支配錢」的事實。

　　賺錢、花錢、儲蓄、投資等行動的主導權，都被情緒所左右。你可能因為心情好而大肆揮霍，也可能為了擺脫憂鬱而不停刷卡；你會因為不安的心情而不花錢，也會為了獲得優越感而存錢；如果投資順利，大腦還會分泌讓你快樂的多巴胺。若只把錢看成數字，會有很多事無法理解，因為花錢屬於情緒的範圍。

　　支配金錢的情緒本質為「欲望」與「恐懼」。人可能會為了隱藏或表現情緒而賺錢、花錢、儲蓄，而無法滿足的欲望跟

恐懼會刺激情緒，促使你對錢的決策跟著情緒走。縱使表面上似乎有理，但其實只是事後針對已決定的事情加上邏輯。我們大腦裡負責情緒的邊緣系統會先做出決定，並在大腦皮質中創造出能支持該決定的根據。

為了滿足欲望花錢

根據美國心理學家馬斯洛[4]的「需求層次理論」，人類會先追求滿足心理跟安全的需求，因為這是生存最基本的條件。在無法確保食衣住行被滿足的情況下，別說是追求愛情與歸屬、尊嚴或自我實現等需求了，連這些需求本身的意義都會被質疑。不過在高度資本主義的社會，過去被認為是生理需求或安全需求的事物，已逐漸轉向社會性（愛情與歸屬）、尊嚴和自我實現的需求等。

食欲即為其中一項生理需求，跟過往比起來，現今已較少人對該需求有強烈的欲望。現在「要吃什麼？」更常被視為接近愛情與歸屬的需求領域，而非生理需求。

幾年前一個高級飯店發行了蘋果芒果冰品，簡稱為「蘋芒冰」，該冰品價格是8萬3000韓元[5]（以2022年為準）。蘋芒

---

4. 亞伯拉罕·哈羅德·馬斯洛，美國心理學家，以提出需求層次理論而聞名。
5. 約新台幣1,900元。

冰的人氣持續不墜，甚至連競爭飯店都推出更貴的麝香葡萄冰品，也賣得很好。

馬斯洛五階段需求層次理論

這些冰品被稱為高級飯店的「飯店度假入門商品」，即使有錢也很難買到。因為限量銷售而天天售罄。蘋芒冰或麝葡冰都不是為了生存而吃的食物，而是為了炫耀存在的。上傳到社群媒體的食物照片都傳達著「我的生活水準吃得起這種食物」，乃至「我跟這些很棒的人、我愛的人幸福地生活著」等訊息。

我並非責備花了將近10萬韓元吃冰品的行為，相信有很多中高收入階層是消費得起這種程度的商品。而主打有錢人的商品跟服務之所以存在，理由更是數都數不清。那麼假如不是有錢人，卻為了享受在高級飯店度假，而花了一年的存款呢？這種行為也不能說是發神經，畢竟租房子的人也能去高級飯店享

受啊，對吧？

若只考慮應該要有多少錢、該用在哪裡，是找不到答案的。「該如何滿足需求？」才是核心問題。錢只不過是滿足需求的其中一種有效手段罷了。

為解決恐懼而花錢

來談談食衣住行中的房子吧，房子並不只是生活的地方。它占了資產的大部分，也象徵社會經濟地位。即使一樣是30坪大的社區大樓，也可能因為地點不同，而導致價格差了10倍以上。所以「你住哪」這個問題其實很無禮，也很銳利。

「靈湊」[6]是指連靈魂都拿來湊數的意思，而用「靈湊借貸」買屋，可能會有各式解讀。有些人會認為這是想透過不動產投機賺一筆的幼稚貪念，不過看著房價暴漲，認為即使時機已晚也要衝到最前線的這些人，其實有著「恐懼」心理。看似是想高價收購股票（以便在最高點賣出）而產生的恐懼，其實是害怕落後他人。平常活得還算老實的人，但某一天卻發現跟自己差不多的人已遙遙領先，擔心自己會突然變成「乞丐」。如果在這裡繼續落後，可能永遠都追不上，也就是這樣的恐

---

6. 韓國流行語。

懼，讓人即使連靈魂都拿來湊數，也要下去挑戰。

貸款是否還得起、經濟狀況改變該如何對應等，都是需經思考決定的事情，然而不能否認，這些狀況下肯定藏有上述心理。

有人建議，在花錢時先區分「需要的東西」跟「想要的東西」，再按需要支出即可。那麼高級飯店的冰品是需要、還是想要的東西呢？如果有人說租房就好了，何必買房，你會怎麼回答？難道在解決需要之前，想要的東西都得無條件忍耐嗎？並非如此。這種主張，某種程度上也算是一種暴力。需要跟想要的東西之間的界限本就模糊，每個人希望滿足的順序也不同。

有「現代經濟學之父」之稱、並於1970年獲得諾貝爾經濟學獎的保羅‧薩繆森（Paul Anthony Samuelson），提出幸福方程式如下：

$$幸福 = \frac{擁有}{欲望}$$

人類的欲望接近無限，所以擁有得再多，也難以感到幸

福。假使用數學公式表示，代表分母是無限大的值，如果想提高幸福指數，就必須減少分母的欲望。儘管這麼說似乎是在找諾貝爾獎大師的麻煩，但務實來看，所謂的欲望難道是想減就減的嗎？「減少欲望」其實比「增加擁有」還要更困難，欲望並不能說減就減。就像你如果聽到「別想那隻大象」，反而會立刻開始想像大象的樣子，這就是人類。

重點在於自己的經濟能力是否負擔得起這些欲望，畢竟欲望是主觀的，對某些人來說，高級飯店的冰品就是很重要；對某些人來說，即使省吃儉用也一定要買自己的房子。若可以解開主觀欲望跟客觀經濟能力之間的方程式，就值得一試。

你可以觀察看看是否有解決欲望跟恐懼的其他方法，因為有可能是你太習慣過往的方法，而無心去尋找其他出路。藉由高級飯店冰品滿足的欲望，是否有其他解決辦法？如果知道恐懼的真實樣貌，會不會有其他選擇？所謂的解決方法，並不是只有增加擁有物一途，要解決欲望，也不是只能靠金錢。只要能認知到情緒，或許就能用已擁有的資源來解決問題、滿足需求。

理解環繞金錢的核心情緒

皮克斯動畫《腦筋急轉彎》的主角萊莉腦袋裡有個情緒控管本部，快樂、憂愁、憤怒、厭惡、恐懼這五種情緒，在情緒控管本部一刻也不得閒，他們時刻都得為了搬到大城市後，必須適應新環境的萊莉發出情感訊號。但這些情緒卻無法控管，快樂跟憂愁甚至脫離了情緒控管本部，彼此產生了矛盾。

我們的大腦也是一樣，而環繞金錢的核心情緒正是「憤怒」、「羞恥心」與「不安」，這三種是與金錢決策相關的情緒。雖然外表看不出來，但它們主掌了實際大權。每個人主要感受到的特定情緒可能不同，且隨著情況不同，主導的情緒也可能不一樣。

如果想針對金錢制訂明智的決策，就一定要意識到自己的

情緒。

雖然時刻變化的情緒很難掌握，但你必須知道在每個重要瞬間出現和主導全局的核心情緒為何，才能開始改變。

憤怒

憤怒在字典上的定義是「憤慨且十分火大」，如果用跟金錢相關的情緒來表達，大概就是「超氣」。有些人只要一講到錢就氣，因為他們覺得世界不公平。因為一樣認真工作，有些人會變成有錢人，有些人卻只能吃土，他們對這樣的現實感到憤怒。努力存的錢拿去投資，卻遭受巨大損失；借錢給情況危急的朋友，卻被斷了消息，導致對人性產生懷疑，怒火更油然而生。根據怒火爆發的方向，對待錢的方式可大致分為三種類型。

第一種，當你的憤怒是朝外時，你會對造成自己損害的人、制度等散發怒火。這種人會很積極地表達憤怒，假如投資虧損，就會向建議投資的金融公司員工宣洩不滿，雖然知道投資結果的責任最終在自己身上，但仍不自主地發火。

第二種，當你的憤怒是朝內時，這種人會感到同樣憤怒，但對象是自己。因為自己不夠完美、下了錯誤的決策，才付出

代價。

他們會自責想著，如果能更縝密地檢視資料、更慎重地行動，可能就不會發生這樣的事情了；或者當時果斷一點，就不會錯過機會而猛捶心肝了。

第三種，當你的憤怒同時朝外跟朝內時，你覺得對外好像火山爆發似地，但又覺得事到如今能怪誰，即使生氣，卻也什麼都做不了。也因此，這種人會選擇不去感受憤怒，使得外表看起來天下太平，對錢毫無留戀，但內心卻用熔爐封閉了出口。當熔爐裡的憤怒到達臨界值時，就可能隨時爆發。

羞恥心

羞恥心是很難評估深淺的情緒，即使你感覺得到羞恥心，也可能因為無法承認而乾脆斬斷情緒。而羞恥心一般會散發出「我似乎哪裡做錯了」之類的訊息。

金錢常常是刺激羞恥心的主因。資本主義社會認為「錢＝價值」，只要有錢，就是有價值的存在；沒有錢，則會導致自尊低落。人們並不期望得到巨大的錢財，只要能過上有品味的生活即可，並期待在這樣的過程中，錢可以自己找上門，但卻

總事與願違。

　　浩英與許久不見的高中同學見了面，學生時期成績比自己差的朋友因為事業成功，看起來意氣風發，在那個同學旁邊嘻嘻哈哈的同學也讓人看了很不爽。儘管覺得靠正常方法根本不可能變得這麼有錢，卻怕自慚形穢，表面上裝作恭喜的樣子，之後再產生「我到現在都在幹嘛？」之類的想法，整個人變得畏畏縮縮，瞬間覺得很羞恥。

　　大多數的人都沒辦法擁有充足的錢過活，所以經常感覺到羞恥，但也不願意因此明目張膽地追求財富，畢竟「只愛錢的庸俗之人」到哪都不會受歡迎。就連單純談「錢」這件事，有時也顯得口拙。

　　但不懂錢也是件丟臉的事，現代人最關心的就是錢，不管去哪，人們都在談論理財投資。你想插上幾句話，卻不容易，因為如果被發現其實沒什麼金融知識，還不如一開始就裝作對錢漠不關心。不過你心裡的一角卻逐漸浮現羞恥之心，甚至產生不安，覺得這樣下去一定會是個輸家。

　　你可能會被許多與錢相關的經歷影響。例如世永當年打工沒收到薪資，即使現在想到還是會氣到發抖；他努力工作，有天社長卻叫他辭職，還把薪資也吞掉了。社長說會補上欠薪，

卻遲遲不兌現承諾，他苦苦哀求，也不受重視。雖說積欠薪資可向公部門檢舉，但當時他並不知道這些常識。儘管沒能拿到錢很委屈，但因為沒力量也沒錢才蒙受這種屈辱，讓他想到就覺得羞恥。世永覺得，為了讓自己不要再受到這種對待，應該要好好存錢才是。

而為了脫離羞恥，有些人會選擇照顧他人，從事志工活動，因為他們認為捨己為人是有價值的。比起自己的需求跟欲望，他們更著重在他人身上，樂意為他人打開錢包，卻難以為自己花上一分一毫。

而有些人嘗試以卓越的成就來證明自己。這些人認為成功之人一定要有良好的形象，因此會積極理財，在打造外貌、名牌服飾上也用錢不手軟。有時甚至會太過熱衷於工作，而失去生活品質。

有些人則討厭計較小錢或在日常生活中處處計算，他們認為這樣做代表自己是沒有價值的人。他們希望這種事會有人代替他們做，而自己則投入較有價值的工作。這些人可能會對代替自己做這些事的人過度依賴，或在日常生活中迴避金錢問題。用錢時，也會用在能突顯自己獨特性的事情，而非普世價值上，對於最近流行的事物反而不太關心。

不安

　　不安是不下於憤怒跟羞恥心的情緒，談到金錢更是如此。有錢會不安，沒錢也會不安。有錢時，擔心自己成為金錢的奴隸；沒錢時，害怕自己必須為了錢去做不想做的事。雖然有足夠的錢是好事，但不確定怎麼樣才叫足夠，而過去的基準變化太過快速，也容易讓人感到不安。

　　不安主要是針對未來而生，即對尚未發生的事感到憂慮。人們擔心老後能否在不拖累他人的情況下維持生計，也擔心家裡有人生病或受傷該如何是好。因為不安而存錢、加入保險、到處收集資訊，另一方面又因為未來充滿不確定性而無法投資，更害怕花錢。

　　「錢」這項資源有限，未來也難以預料，因此大多數人會儘量省著用。收入跟支出當中，收入是否能增加的不確定性較大，而支出至少還在自己可控的範圍，因此每個人的選擇都差不多。

　　人們也會為了未來展望收集資訊，不過問題在於，收集資訊本是為了建立明智的財務計畫，有時卻會讓漸增的不安擴散到資訊或學術層面。原是為了投資開始學習，最後卻掉入了

「投資學」的泥淖之中。

　　有些人因為不想感受不安的情緒，而選擇裝作沒這回事。這些人非常樂觀，也懂享樂。由於他們擁有嶄新創意與隨機應變的能力，讓不安看似無縫隙可鑽。而在金錢管理上，也是以活在當下的風格處理。這種類型的人認為，比起設法省錢，不如花錢之後再努力賺回來。即使在投資途中虧損，在解套之後，就會迅速將股票賣出，或甚至因為不想看到帳面虧損，而直接賣掉股票。

利用與錢有關的情緒

　　憤怒、羞恥心、不安等並不是非得消除的情緒，也不是你想消除就能消除。若想逃避，反而會愈累積愈多，你必須學習去接受它。情緒是一時的，它會暫時找上你，停留一陣子後再消失。你必須記得自己才是人生的主人，而前往目的地的方向盤就掌握在自己手中。情緒如同這趟旅程中短暫搭乘的乘客，即使被情緒所困，也只要記得不要交出方向盤即可。

　　《腦筋急轉彎》的情緒控管本部為什麼不將憂愁、憤怒、厭惡、恐懼等負面情緒放逐出去呢？因為在生活中，這些都是必要的。聖經雖然說「要常常喜樂」，但並非要你不去感覺快

樂之外的情緒，也不是要你遠離負面情感。試想，如果跟一個只感覺到快樂的人一起生活，會變成什麼樣子？想想都覺得累人。

憤怒、羞恥心、不安等也有正向層面。雖然你會被負面的情緒影響，但可更明確地看見目前面對的現實。「絕對正面」的心態雖然不錯，卻不完全正確，因為所有事情都有光明與黑暗面。

憤怒、羞恥心、不安是生存的必備情緒，所以不可能把它們消除，也不應該消除。如果可以適當控制，就能看見藏在深處的風險，進而減少「確認偏誤[7]」。你必須好好安撫並觀察憤怒、羞恥心、不安等情緒，才能對金錢下明智的決策。

---

7. 指人們傾向尋找能支持自己的理論或假設的證據，而忽略無法支持自己理論或假設的證據。

金錢管理必備的三大心靈策略

　　韓國射箭運動水準世界一流，在1988年首爾奧運初次設立女子團體賽項目後，到2021年為止已創下了九連冠的驚人紀錄。韓國射箭為何能如此強悍？許多專家認為與特殊的選拔方式及訓練方法有關。據說比起得到奧運金牌，要成為韓國的國家代表更難。若沒有辦法在比賽中獲得最佳成果，再優秀的選手也會遭到淘汰。

　　即使苦盡甘來成為國家代表，旅程也尚未結束。大部分的運動都需要精神上的鍛鍊，射箭更是如此。你不會跟對手有任何肢體接觸或對話，而必須獨自面對箭靶。根據報導，射箭選手為了訓練膽量，會在大半夜輪流去公墓，或是在充斥加油聲的棒球場彎弓搭箭，訓練自己不被外部的刺激影響。

經過這樣的訓練，才造就了韓國選手堅定的精神力。

金錢管理是一場攸關精神力的遊戲

金錢管理看似是一場金額、報酬率、知識、資訊之間的戰爭，但本質其實是心理戰。初期所得高的話，看起來會很有利；假使報酬率持續走高，會感覺很快就能達到財富自由。倘若每日還熱衷搜尋各式理財資訊，就會誤以為變成有錢人是遲早的事。然而，金錢管理的難度會愈來愈高，且如果進入資產管理的階段，就更需要精神力。雖然成為有錢人很困難，但成為有錢人之後，存活下來是更重要和困難的事情。曾有許多不可一世的有錢人最後落得悽慘下場，因為雖然成了有錢人，卻沒能作為有錢人存活下來。

「精神力強大」並不是指無視他人意見，只以自己的主觀意見為主，過於固執的人反而會掉入自己的執念當中，無法做出合理的決策；若有強大的精神力，就可以更有彈性地面對變化，下決策時也能擁有鋼鐵般的意志。如果想做好金錢管理，這種彈性跟堅定是必要的。接下來我們就來探討，金錢管理策略中的三大關鍵字——「目的」、「注意」、「態度」。

金錢管理的「目的」要明確

第一個關鍵字是「目的」。射箭是將箭射到箭靶正中央，因此需有高度的集中力、強健的體力、鋼鐵般的意志。如果你想正中紅心，就必須讓箭往箭靶前進；你若在箭靶的另一側拉弓，即使是神射手也無法射中靶心。不著邊際地亂跑，跟遠離目標沒有兩樣，還不如待在原地。當然，這並不是說你不能有絲毫誤差，假如整體方向正確，即使有小失誤，逐步修正即可。

金錢管理也是一樣。你管理金錢的目標是什麼？可能是為了儲蓄、投資，也可能是為了還債、買保險。最好設下「10年內賺10億韓元 [8]」之類的具體目標。不過在達成目標後，觀察自己是否離終極目標又近了一步，才更為重要。你的核心是讓金錢在達成人生目標的過程中扮演好自己的角色。

假使射箭只射到9分而非10分，你能說算失敗嗎？並不是這樣的。之所以可以得到9分，是因為把目標放在10分的緣故。如果方向對了，就不致荒腔走板；若方向錯了，就只能走向錯誤的結果。

---

8. 約新台幣兩千多萬元。

在變化多端的情況下集中「注意力」

第二個關鍵字是「注意」。即使你瞄準靶心，也不代表可以絕對命中目標。你可能會覺得如果是國家代表級的選手，最少應可連續射出8分以上的成績吧！但實則不然。因為風向會一直改變。你必須隨時敏銳地確認風況，然後一邊拉箭，如果不把注意力放在「當下」就無法做到。一邊了解風的強度，一邊瞄準箭靶，才有可能命中。

這意味著你必須集中注意力，觀察景氣狀況是好是壞、利率的變化情形等。並不是所有資訊都得照單全收，你得區分出「信號」跟「噪音」之間的差異。遺憾的是，其實大多數的資訊都是噪音，如果你對資訊過於敏感，反而會分散注意力。很多人相信，認真看經濟報導會對金錢管理有幫助。然而，若每天把所有經濟新聞都逐條看完，可能導致你失去方向。不妨把過去的經濟報導收集起來觀察看看，不難發現許多報導的態度其實都變來變去。

你也必須注意自己的狀態。運動選手的狀態每天都不盡相同，甚至在比賽中也可能隨時改變，因此你得隨時確認自己的財務、心理狀況。而金錢儀式正好可以幫助你深度檢視自己的境況。

抱持正面與好奇的「態度」

第三個關鍵字是「態度」。態度是集中注意力的一種方法，其核心在於正向思維與好奇心。只要用正向思維跟好奇心面對，即使遇到困難也能撐下去。據說若用判斷力跟羞恥心代替正向思維與好奇心去感覺事物，腦中的學習中心會停止運轉。你只會想著該如何活下去，而無法擁有面對壓力的資源。

運動競技中常有因為狀況不好而失誤的情形，這時就很可能因為質疑自己而崩潰。但若能相信自己的實力並集中意志比賽，就可好好發揮實力。有時，即使你想做出合理又明智的決策，也可能在最後犯下致命錯誤，甚至有很多人帶著過去的遺憾過一輩子：「那時候應該買房子的」、「那時候應該賣股票的」、「應該要早點開始理財的，我這段時間都在幹嘛」……不斷責備自己。而為了幫自己開脫，你會將日後前進的能量全部消耗掉。

金錢管理是畢生的課題，雖然中途會有一些決定性的瞬間，若想在那些瞬間存活下來，平常就該持之以恆。如果平日疏於訓練，就不可能在重要的比賽前突然打起精神。倘若在日常生活中對錢的決策以及希望達到的目標，都能一邊觀察狀況，一邊以正向思維與好奇心面對，任何人都可成為意志堅強的金錢管理大師。

第2章

自動致富程序第二階段

轉換消費
觀點

脫離金錢的思想框架

「不排除任何可能性。」

　　警察的辦案記者會或是政治人物訪談中，經常會出現這句話。儘管有時結果已經顯而易見，但這句話會讓人感受到將盡一切努力解決問題的決心。各位不妨在金錢管理上也展現這樣的態度吧！也就是說，在管理金錢時，嘗試去接納金錢的所有可能性，應該會有不錯的成果。

　　各位應該有聽過所謂的「正念」。聽到這個詞彙時第一個想到的是什麼呢？或許是靜靜盤腿冥想的模樣，也可能是將複雜的問題都拋諸腦後，找到屬於自己、省思內心的時間。

若以這樣的形象來看，正念似乎跟金錢扯不上關係。不過，正念除了冥想跟省思內心之外，也經常用在現實生活，在學習、創意、健康、職場等領域都可應用。

　　有「正念之母」之稱的哈佛大學心理學教授艾倫‧蘭格（Ellen Jane Langer）指出：「所謂的正念，即是覺察所有在眼前卻沒能發現的驚人事物，並忠實地活在當下。」意思是說，你愈能從熟悉而枯燥乏味的事情中找到新東西，就愈能改變現狀。不要畫地自限，或許就能迎來意想不到的發現。難題也可以成為具創意且令人興奮的新鮮事物。假使能嘗試與先前不同的方式，就能增加解決問題的可能性。

正念 vs 盲目

　　要理解正念最快的方法，就是去了解與它完全相反的狀態。艾倫‧蘭格指出，如果你沒辦法做到正念，不妨嘗試停留在「盲目」的狀態。所謂的盲目狀態，是指被局限在既定的思考中、不思考就反應、只從一個觀點行動等。也就是說，一切都沿襲既有的思考與觀點。在盲目狀態中，新的事物將無法產生。

　　大部分上班族都活在盲目狀態，今日與昨日相同，明天大概也跟今天差不多，人生就是不斷重複的日常。

不過就現實面來看，如果沒有別出心裁的創新，企業與個人都會難以生存。為了有效率處理業務而創造出來的規則，會隨著時間經過變成陳舊的遺物。所有的企業人員都因為太過熟悉規則，導致沒人想改變；如果貿然嘗試，則會被視為違反秩序。

不過網漫改編的連續劇《未生》[1]主角張克萊（任時完[2]飾）就不同。張克萊曾為成為職業棋士而努力，但最終失敗，成了綜合貿易公司的實習生。他被分配到根本不值得記在履歷上的團隊工作，甚至還被當成幽靈一樣對待。

但張克萊眼裡看見更好的做事方法，例如他改變既有的檔案分類系統讓效率提升，或改變員工爆發醜聞後就得放棄事業的企業文化，進而創造傑出成果等。張克萊沒有既定框架，自然不會被局限在特定範圍內。所有狀況都是新的，使他必須專注行動，就像研究圍棋的走向一樣，可容納各式各樣的觀點。《未生》即是以如此方式，描繪張克萊如何以正念的狀態度過職場生活。

---

1. 韓國tvN電視台自2014年10月17日起播出的連續劇，以職場新人的角度描繪上班族樣貌。
2. 韓國歌手及演員。

金錢管理也需要正念，

該如何將正念應用在金錢管理上？

　　即使月薪總是從帳戶中呼嘯而過，是否能獲得改善？既定的月薪、不斷增加的支出、好不容易存的錢到期後迅速消失，是否有可能改變？如果年薪跳幾倍或許還有可能，否則類似的期待只能說太過天馬行空。

　　有些人認為，只要重複正面思考，全宇宙的能量都會幫助你變成有錢人；或是每個人出生時都帶有至少可以賺個幾十億韓元的運勢，只要走運，即使不是大富豪，也有可能成為小富翁。也有很多人覺得，只要虔誠地向神祈禱，子子孫孫就可以期待財富的到來。

　　雖然要不要相信是個人自由，但這樣下去跟正念的距離只會愈來愈遠。若將正念應用到金錢管理，就應該突破既有框架，積極接受新資訊，並試圖以不同的觀點觀察。讓所得劇烈成長並非消除因錢產生的壓力的唯一方法，在投資上做出一番爆炸性的成果也不是最終解決方案。如果只相信「賺愈多錢，就愈能改善財務問題」，其實跟「成功的話很好，但大概不會成功」差不多。

你必須改變觀察金錢問題的框架

固守在「更多的錢＝解決錢的問題」框架中，是無法解決問題的。更多錢無法解決問題，甚至還可能讓你碰上更多問題。

剛進公司的時候，想說只要可以拿到代理、科長那樣的年薪就可以了；但成了主管後，年薪漲了，壓力卻沒有消失，錢依然總是不夠用。

儘管難以置信，的確有人不喜歡錢太多。因為在這些人的思想裡，「更多的錢＝更多的問題」。你都已經這樣想了，還有可能存到錢嗎？

不妨來思考一下因錢而產生壓力的本質吧！並非所有人都以成為比爾・蓋茲或華倫・巴菲特這樣的有錢人為目標。但假如曾認定跟自己類似的朋友突然賺了大錢，本應值得恭喜的事情，卻會讓你壓力倍增。這顯示錢的多寡並非一定的標準，擔心錢不夠用而產生的不安、羞恥心、憤怒等才是核心。

你也得確認自己是否能開放性地接受與金錢相關的資訊，如果被刻板印象困住，就可能變成只看想看的、只聽想聽的「確認偏誤」。只靠存款跟定存投資可能沒辦法讓你變成有錢人；過度投資的人可能還會嘲笑存錢的人，卻也不知道景氣何

時產生變化。如果可以觀察自己接觸的資訊來源是否有限，是不是只聽自己想聽的資訊，或許就能有意料之外的發現。

你必須嘗試用不同觀點去探討。好比說，上班族跟自由業者可能會互相羨慕，上班族會羨慕自由業者不用看主管的臉色，做多少賺多少。

自由業者則認為上班族每個月固定拿薪水、無憂無慮，甚至還想回公司上班。除此之外，身為上班族的公務員還會羨慕大企業上班族的高年薪，大企業上班族則羨慕公務員不用擔心退休問題。大家都無法看到自己身處狀況的優點，只就缺少的部分羨慕別人。

最終還是得改變看待金錢的框架，你必須脫離將一切都歸於「帳戶進來多少錢」的觀點。不妨試著將畢生賺到的積蓄、時間自律、職務適性、職業展望等綜合起來，專注在目前可做的事情上，並摸索出可將其以創意性方式實踐的方法。這樣或許可以找到過去沒發現的路，並迎來連結正念與金錢管理時誕生的決定性瞬間。

你需要轉換消費方式

　　所謂「正念消費」是指每次用錢時都意識該行為，並覺察自己的意圖。人們在用錢時是否無意識且毫無想法？你可能會想，吃飯時認真選菜單、網路購物時狂搜尋，這些算是毫無想法嗎？

　　就結論來講的確如此。我們做的大部分消費其實都接近自動反應，好比說「看到某個東西→購買」、「產生壓力→購物」、「家人要錢→支付」等，這其中的差異在於要買哪種東西、要用多少等，實際上都只是刺激出現後，即自動支出的過程。

　　社群上充斥著人在氣頭上的「衝動消費」、安慰孤獨的「寂寞消費」，以及在不注意之下花錢的「笨蛋消費」等新流行語。

這些消費在當下都非常合理，然而隨著時間經過，你認清現實後，那種不知所措的情緒會讓人不舒服到極點，甚至還會因此覺得丟。

在納粹奧斯威辛集中營活下來後出版《活出意義來》、《意義的呼喚》等著作的精神科醫師維克多·弗蘭克（Viktor Emil Frankl）曾表示：「刺激跟反應之間有個空間，在該空間中，你有選擇自己反應的自由跟力量，而我們的反應會左右我們的成長跟幸福。」

如果沒辦法好好利用刺激跟反應之間的空間，我們其實跟ATM沒什麼兩樣。發薪日過後沒幾天，看著消風不少的帳戶，心裡吶喊著「這是怎麼回事……？」或是每次年終結算時總問「我的錢都到哪去了？」若有上述情形，就代表你有正念消費的必要。

認知到用錢時所感受的情緒

用錢時，並不是只有錢在移動，情緒也是。好比刺激產生時向你襲來的情緒、做決定前感受到的情緒、支出後感受到的情緒等。

假設父母的生日快到了，你可能會煩惱今年應該做些什麼。在確認去年給的禮物或金額後，如果沒什麼差錯，就會送上差不多的東西。這時你是否能感覺到刺激跟反應之間的空間？

照理說，你應該可以看到短暫煩惱或挑選禮物時的這段期間。

允貞的母親生日要到了，一起來觀察一下允貞心裡產生的各種情緒跟想法吧！

- 興奮：「今年也想用很棒的禮物給媽媽一個驚喜！」
- 憂鬱：「但是今年手頭比較緊。」
- 自責：「去年花太多錢了，信用卡費讓我辛苦了好幾個月。」
- 心煩：「媽媽好像今年也很期待，如果不比去年怎麼辦？」
- 猶豫：「不如直接給現金吧？長輩好像比較喜歡現金……」
- 負擔：「給孝親費的話，又到底該給多少啊？啊……好難！」
- 舒適：「還是直接問媽媽好了？也許這樣比較快。」

若允貞在選擇要給母親禮物的過程中，有察覺上述這些情緒，就代表在做正念的消費。如果花跟去年類似的金額，就結果而言，你可能會覺得是送同樣的東西；但正念消費的目的，並不在於「花少一點錢」，而是「懂得花錢」。懂得花的定義

每個人都不太一樣，但如果在用錢之後感到後悔、自責、羞恥等，就不能說是懂得花錢。相反的，如果用錢後覺得開心、感恩，即代表懂得花錢。

而如果不做正念消費，就可能會因無法察覺而忽略具體感受到的情緒，以及為何如此感受。你只會就「感受到的感覺」覺得心情好或不好，就結束了。甚至大多數人可能連這點感覺都沒有，就直接產生自動反應。

實踐支出前先暫停

你有數過一天會花幾次錢嗎？人平均一天會花3～4次，多則6～7次。像是早上的咖啡、中餐、下午茶、晚餐、中間不定時的網路購物等。這樣下來，一天就可能支出到5次，而在一天內練習意識到自己如何用錢，並觀察情緒、想法、身體反應等，其實並不困難。

這裡最重要的事情是「暫停」。當遇到需要用錢的狀況時，請先暫停一下，自然地呼吸，然後稍微專心呼氣、吐氣。請一邊持續30秒到1分鐘，一邊觀察腦中浮現的想法或感覺，不用著急地判斷，只要檢視即可。

記下並記錄支出時的情緒

「只有察覺應該不夠吧？」

在金錢儀式單元中參與正念支出的人一開始經常這麼說。只有意識並感覺到情緒似乎還有些不夠。我充分理解這種心情。

接下來當然還有其他步驟。由於過去太過習慣自動反應，我們必須先從認知該感受開始。在練習每次支出都意識並察覺自己的意圖後，再來就是每天將它記錄到金錢儀式日記中。當然，一開始會有點辛苦，你可能會漏了記錄，或是因在晚上寫日記而無法浮現早上感覺到的生動情緒，導致有些吃力。這樣也無妨，你不需要太逼迫自己。金錢儀式到踏穩腳步前會需要一定的時間，在那之前記得鼓勵自己。

消費管理的基本─注意收據

「收據請丟掉。」

這是我們在商店買東西或從餐廳出來時常常說的話。為什麼呢？因為我們認為不需要，也認為收據如同垃圾一般。有陣子人們擔心個資外洩而開始拿取，但除了最後把它撕掉丟到垃圾桶中，倒也沒其他用處。

有些人則是因為心裡不舒服才不拿收據，因為看到收據，就好像看到一群人責備自己一樣。

「今天又亂花一堆錢了。」

「你什麼時候要存錢？」

「再忍一下不就可以買到物美價廉的東西了嗎？」

感覺好像得到幻聽似的，這些話語不斷地出現。

用收據延續的一天

不妨在晚上把一整天拿到的收據都攤開來觀察吧！如果是網購的話，也可以看手機傳來的各種簡訊。你應該會感覺到，自己的一天可說是各種收據的延續。

上班路上的美式咖啡就像潤滑油，讓故障的腦袋順利運轉；為了健康著想，午餐是跟同事吃各付各的沙拉吧套餐；莫名煩躁的下午，總覺得晚餐應該把朋友都叫上，來點炸雞、啤酒撫慰心靈；躺著打算睡覺，精神卻好得不得了，手機裡的超特價單品好吸睛，之前想過「要是有一個就好了」的產品正是這個，價格也親民，心裡還在考慮「為了自己，這些錢不算什麼」，結帳就瞬間完成。你可能會想「這樣可以嗎」，然後又覺得「沒差啦」帶過。

收據可以改變消費模式

拿收據不代表消費模式會突然改變，拿收據不是為了省吃儉用，而是為了進行「金錢儀式」。各位可以嘗試看著收據，想想當時的狀況為何、自己是什麼樣的心情、支出後的感覺如何等。

有些支出不會留下任何感覺或記憶，可能是因為每天重複的行為所致，也可能有些支出是因當下氛圍而生，實際上卻無

花費意圖，甚至也有支出是你久久才花上一次的大錢。

看收據時如果感覺不舒服，請先不要責備自己，不妨試著接受該情緒。人類並不完美，做出錯誤選擇跟決定的機會更多，只要在該過程用「當初為何如此」的心情省視，就一定可以知道原因。

儘管只要在腦袋裡重新浮現一整天做過的事，就可以完成這個課題，假使有收據之類的具體媒介，就能讓金錢儀式更順暢地進行。

購物並不是緩解憂鬱的良藥

購物能讓心情變好，研究結果指出，在傷心時購物可減少悲傷的感覺。美國密西根大學史考特瑞克博士的研究團隊，在2013《消費者心理學期刊》（Journal of Consumer Psychology）中發表的資料指出「購物療法」是有效果的。所謂購物療法，是指為了減緩情緒上的苦痛而購買商品。當感覺到傷心、憤怒、憂鬱等情緒時，為了緩解該情緒而花錢時，就可稱為購物療法。

為什麼購物會讓心情變好呢？這是因為自我可感覺到控制權的緣故。購物從根本上來看是一種做決定的過程，並非物品選我，而是我選物品，選擇權在自己身上，可以讓人心情變好。當我們感到悲傷跟憂鬱，時常會伴隨著無力感，這會讓人

失去活力，而且覺得什麼事情都做不到；這時若去購物，則會讓人覺得擁有控制狀況的能力，並逐漸恢復自信。

購物也可以分散我們的注意力，並使我們脫離憂鬱的感覺。不管是實體或線上，購物期間都會接觸到各式各樣的資訊，資訊量愈多、愈刺激，就愈能遠離憂鬱的感覺。當你去百貨公司或超市時，新商品、折價商品會特別吸引你的注意。線上商城也充滿了各種讓人感興趣的商品，光是看就能轉換心情。這些都顯示購物可使幸福感增加。

購物光是看就能讓人興奮

光是看物品，就能讓大腦分泌讓人感覺興奮的神經傳導物質——多巴胺。不過在購買前不斷分泌的多巴胺，在購買完成後多少會消失一點。旅行前心中充滿了期待跟興奮，卻在旅行途中開始感到疲憊，也可能因與同伴意見不合而覺得辛苦，這些都是多巴胺減少所致。

但問題在於「僅止於看嗎」，看到物品之後，可能就會產生想擁有它的心情。你可能曾聽說，若沒有自制力阻止自己買東西，那不如不要看，還比較能抑制消費。這句話確實有幾分道理，然而要實踐卻十分困難。你可以不去百貨公司、超市、購物中心，卻沒辦法在經過時閉上眼睛。線上購物更是如此，

這是個巨量資料的時代，只要是搜尋過的商品、服務，都會不時地投放到眼前，動搖人心。

除此之外，即使是同樣的品項，也少不了比較之後而購買的愉悅。當你購買到CP值、滿意度超高的商品時，那種興奮的感覺會讓人更想繼續購物。

購物療法的矛盾

購物療法解除憂鬱的「效力」說到這裡應已足夠，但是不是愈常購物，就愈能感覺到幸福呢？遺憾的是，答案並非如此。

消費的反效果即是壓力。人雖然為了解緩壓力而購物，但愈持續購物，就愈會追求更大的刺激，這也讓人累積需負擔相當費用的壓力，進而產生矛盾。眼光愈來愈高，也愈來愈習慣便利的同時，支出也在增加。每個月要還的卡債漸成負擔之際，也跟著踏入了「分期付款的世界」。

如果連積極使用分期付款，錢都還不夠花，就會掉入「循環的泥淖」。循環是指每個月只支付應結帳信用卡費的10％～50％，剩下的留待下個月繳交。一開始能讓你放下心中的大石，但如果不大幅降低刷卡次數，就會變成更大的債務。循環（revolving）與西部電影中出現的左輪手槍（revolver）的字

源相同，左輪手槍是每次扣板機時，彈匣都會轉動的槍種。

有一種俄羅斯輪盤遊戲，是在左輪手槍中只放一顆子彈，然後扣板機進行，是種令人毛骨悚然的遊戲。即使你運氣好避開幾次，如果遊戲持續，就早晚都會挨上這槍。信用卡的循環制度，其實就跟俄羅斯輪盤一樣充滿風險。

因錢而產生的壓力或許只占一部分，自尊降低、自我責備、羞恥等情緒反而更加嚴重。而為了恢復降低的自尊，很多人會再次選擇購物療法，因為它會暫時給予恢復控制權的感覺。只不過，你會逐漸走向暫時消除壓力、又在之後產生更大壓力的地獄之門。

正確應用購物療法

首先，請積極使用線上購物車。光是找出喜愛的物品並放到購物車，就可以充分享受大腦希望的幸福感。將東西放置到購物車後，約2～3天後（想到時）再進去看一下。這時就只挑選仍讓你心動且有必要性的物品購買。你會發現其實很多在2～3天前讓人無法自拔的物品，實際上並非那麼有魅力，甚至可能不記得了。

第二，請購買生活用品。如果找遍商城仍空手而覺得空

虛，不妨購買價格相對低廉的生活用品。

我們的大腦並不會按比例獲得幸福感。例如當你花100萬韓元[3]時，並不會得到比花1萬韓元[4]時還高100倍的幸福感。相較之下，反而是頻率會影響幸福的感受。你可以從容些，大膽想著：「即使今天不買，下次再買也無所謂。」

第三，不要被「1＋1」騙了。即使你認為「反正買起來之後都會用到，不如在可以買的時候盡情買。」建議你再想一次。買起來後因為吃不完而丟掉，或是放在冰箱裡發霉的食物有多少？此外，也建議你觀察一下廚房、浴室和衣櫥角落，有沒有各式過於瑣碎的物品。

第四，請勿在生氣時購物。密西根大學研究團隊曾針對憤怒時購物的結果進行研究，結果顯示「無效果」。我們經常稱作「衝動消費」的行為，其實無法減緩不快的情緒。巨量資料分析企業VAIV company曾做過推特與部落格等，有關衝動消費的數量分析，結果指出最常見的衝動消費是搭計程車，接下來則是甜食或刺激性的食物、外送食物等。花錢後反而讓身心飽受折磨，這種行為是該停止了。

3.約新台幣兩萬元。
4.約新台幣兩百元。

總是覺得錢不夠的原因

　　各位應該經常在年末結算或申報綜合所得稅時，有類似的想法吧！平常也沒過度消費，但賺的錢到底都到哪裡去了？若生活所需的必備所得不足，並非單靠省吃儉用就能解決，應將重點放在增加所得並建立策略才對。

　　假設非上述情形，你賺得不少，甚至年薪也提高了，錢卻依然一直不夠用，那麼原因會是什麼呢？最好不要只是安慰自己「不是只有我這樣」，不如趁這個機會一起找出原因吧！

　　相同所得，不同狀況

　　即使所得相同，也可能因每人身處狀況不同，而導致有人錢用完還有剩，有人則是捉襟見肘。假設A跟B在同個公司上班、同時進公司，他們年薪相同，個人花費也幾乎差不多。

A主要自炊，每個月都會匯生活費給故鄉的父母親，且得再花幾年才能把大學時的學貸還完。算上月租費、父母生活費、貸款，支出比例並不低，他認為儲蓄應該要在貸款還完後才能正式開始。

B則與父母同住。父母目前都還在上班，因此沒有另外給他們生活費，也沒有貸款。但什麼都不做的話又覺得不太好意思，所以他會在換家電或家具時出錢貼補家用。B雖然沒有額外理財，但月薪帳戶卻已累積了不少。

雙薪 vs 單薪

雙薪跟單薪的差異也很大。雙薪家庭所得雖然高，但支出也高，除了基本的生活費用，也可能因為子女數、養育及教育等費用不同而有極大差異。若是其中一人留職停薪或失去工作，就可能造成嚴重衝擊，因為過去支出的規模很難在短時間內縮小。從資產形成的層面來說，雙薪家庭有很多有利因素，不過基礎不夠紮實的案例也很常見。夫妻若能分享財務狀況會很不錯，但若是個別管理就需要特別注意了，假如各自認為「對方至少會存某程度的錢吧」，卻在決定性的瞬間才發現並非如此，勢必會使人驚慌失措。

單薪家庭若非高所得者，在提高資產上一定會有所限制，因失業而受衝擊的風險也大。然而單薪家庭的優點為支出較

少，如果條件允許，還可能轉成雙薪家庭，進而展現提高所得的潛力。

考慮到飆升的房價、教育費用、退休準備，你或許會認為雙薪似乎是必需的。但其實不管是雙薪還是單薪，假使不按照花費規模制訂適當的財務計畫管理，長期來看都容易陷入困境。

過度消費不是問題，消費次數才是

有句成語叫「積少成多」。即使沒有顯著的過度消費，一點點累積起來，最終數字也可能很驚人。如果你質疑「明明就沒有過度消費，為什麼都存不了錢？」不妨減少用錢的次數，或許就能找到答案。

來觀察上個月的信用卡、簽帳金融卡的明細表吧！你可能只看到結帳金額，但不如試著用其他角度分析看看。好比說你用了幾次信用卡？說不定使用次數會讓你自己嚇一大跳。現在請試著設定減少使用次數吧！一開始不需要太遠大的目標，只要設立可輕易達到的水準即可。如果覺得一個月太長，也能以週為單位。假設卡片使用次數減少，你應該就會發現使用額度也跟著減少了。

同時你也可試著實踐「不用錢的日子」，就當是給帳戶和卡片休個假。一個月可以訂個一天或兩天，在那一兩天中不購物、外食。這樣會產生什麼效果？即使不用錢也不能餓肚子，所以你會開始把注意力放到家裡的食材上，這很有可能使你開始「清冰箱」。你也可以找代替自己用錢的人，執行「在家靠家人」、「出外靠朋友」的信條（但可能有副作用，請小心使用）。

倘若頻率降低，是否導致每次支出更高的金額？減肥可能會有復胖情形，但金錢不會。即使可能發生一兩次，若能減少消費的頻率，就會確實降低總支出額。

過度犒賞自己是毒藥

雖然將支出的最優先順位放到自己身上很好，但也有所謂的「合理程度」。如果越線，就有可能造成問題。過度犒賞自己，容易影響財務、心理上的健康。

那麼人們會在什麼時候產生犒賞自己的需求呢？假設在職場上遭逢壓力，就會產生想自我安慰的心理。見到久違的朋友，看到對方不可一世的樣子心生不爽，內心不斷喊著「我到底哪裡比不上他」。每次看社群網站，都覺得大家好像都過得很幸福的樣子，你的腦海裡或許會浮現「省錢又能怎樣」，內

心也開始鬆動。適當與過度的自我犒賞並沒有明確的界限。

然而，你仍可以從總消費量去判斷適當性。

公務員K是音響愛好者，他參與社團活動之餘，也分享音響的相關資訊，同時也享受聆聽音樂的樂趣。最近K以便宜的價格購買了一直很想要的二手音響，雖然是二手，價格卻仍接近1,000萬韓元[5]。來家裡玩的朋友批評：「音響不就那樣嗎，再怎麼樣也不會比100萬韓元[6]的發出好10倍的聲音吧？」但K回應：「你當然可以這樣吐槽啦，但至少我不買車啊。」每3～4年就為了換新車忙著分期付款的朋友，瞬間難為情了起來。

上班辛苦得要死，會想說至少也要開好一點的車來犒賞自己。但這種補償心理如果太超過，就可能會造成過高的分期付款、車輛保養費用等支出。買新車的喜悅是一時的，卻容易讓你付出巨大代價，並陷入反覆的惡性循環之中。這也不僅止於汽車，你不妨觀察一下，是不是有為了犒賞自己而越線的消費紀錄。

---

5. 約新台幣二十萬元。
6. 約新台幣兩萬元。

不吝惜為了將來的自己支出

　　有些人很少會為了自己花錢，這些人在消費上可說是徹底發揮了「殺身成仁」的精神。假使你也將子女、父母、配偶、兄弟姊妹等，甚至是朋友與熟人的相關花費放得比自己前面，不如來思考一下自己賺錢的原因是什麼吧！

　　喜宰是自由業者，他必須發揮自己的專業，透過講課與寫作創造收入。學生對他的課程讚譽有加，因為他總是盡心盡力準備。他有好的內容，在市場上評價也不錯，那麼接下來會如何發展？沒錯。他會講更多課、寫更多文章，使所得增加，但卻不能無止盡地這樣做。礙於時間有限，最近也新人輩出，在有限的工作量之下競爭愈來愈激烈，所以近期稍感疲憊。

喜宰有許多人脈，他講課結束後看手機，會發現通訊軟體訊息高達數十則。為了與這些人交往，要花上不少時間跟力氣，當然錢也花了不少。他也會收到很多禮物，生日時他會收到各種行動優惠券，平常別人送的水果、蔬菜之類的日常用品也挺多，他便把這些東西送給比自己更需要的人。

　　但喜宰在進行金錢儀式時也發現一個事實，在總支出額中，他為了照顧周圍的人所花費的金錢達到30％，飲食費、禮物、禮金等占最多，交通費也占了一定的比例。

　　不過這並不是問題的核心。如果將生活費、貸款及儲蓄扣掉，喜宰幾乎沒有什麼錢是為自己花的，這才是更大的問題。好比說，送給別人較貴的禮物時很阿莎力，在自己的裝扮上卻很小氣。換句話說，用錢對他來說是很怪的事情，甚至還會覺得「這樣行嗎」。跟人見面時會好好吃飯、喝茶，但自己吃飯時可能直接略過或隨意解決。在家裡煮飯時，比起自己的喜好，會更配合家人的口味。由於忙碌，沒辦法面面俱到，也漸漸開始討厭進廚房。如果問他過去一個月有沒有完全只為自己花的錢，喜宰會猶豫好一陣子，然後回答：「我在二手網站上花了7千韓元[7]買Uppeach鍵盤。」

---

7. 約新台幣一百多元。

為了自己消費多少

在艱難時期 8 為子女奉獻一生的父母故事總令人感動，畢竟當時最優先的目標是生存。對這些人而言，「照顧自己」是奢侈的。但或許，在愈是艱辛的情況下，就愈應該珍惜、照顧自己，因為「照顧自己」是有其重要價值的。

搭飛機時，空服人員會在出發前進行安全教育，告知逃生門位置、氧氣罩使用方式、救生衣的穿戴方法等。如果氧氣罩在緊急情況時自動落下，自己必須先戴好，才能幫助小孩或老人穿戴。一開始聽到這個規則時，不禁心想「應該先幫助老弱婦孺才對吧」。不過，再仔細思考過後才意識到，身為成人的我如果先失去意識，根本就沒辦法幫助需要幫助的人。

錢也是一樣。如果自己賺錢不先花在自己身上，在決定性的瞬間來臨時，是無法幫助他人的。即使沒有類似的緊急狀況，若一直持續忽略照顧自己，在對他人伸出援手之前，自己就容易先精疲力竭。請不要對自己太有信心。即使自己沒有財務困難，也可能對你費心照顧的對象產生怨懟。如果希望避免前述情況，或防止產生空虛感，請務必先照顧好自己。

---

8. 大致指戰後時期。

為了現在和未來的自己的「自我照顧支出」

　　如果有收入，先為自己留一杯羹吧！金額少也無妨，順序才是最重要的。即使沒有規劃要用在哪裡也沒關係，只要是完全為了自己，就已足夠。你可以在當月使用這筆錢，也可以累積一陣子之後再用。為了方便，我們姑且稱之為了「現在的自己」的自我照顧支出。善用這筆錢，讓自己不會過於疲憊不堪，能好好走完全程。就算不是具有生產性的事情也行，若只為了快樂、休息等使用更好，為辛苦的自己辦場慶祝派對吧！

　　為自我成長花的錢也是一種投資。在這個「終生職場」概念已消失的時代，發展自己的能力可比理財報酬率重要多了。你目前的資產規模、所得愈少，就愈應該投資自己。除了工作能力之外，針對健康的投資也不能忽視。

　　電影《星際效應》裡有段場景描述，能自由在時空中移動的父親傳遞訊息給女兒，如果你可以見到十年前的自己，會想對自己說什麼？告訴他樂透的號碼？還是要他去買未來飆漲的股票？儘管我們無法傳遞訊息給過去的自己，卻可以為未來的自己留下一些東西。不管是一年後、十年後，甚至是三十年後，都好。

儲蓄與投資可說是為了長期自我照顧的支出。你可以把它想成是為了讓未來的自己更安逸、更游刃有餘地生活而準備的禮物。拋開「退休金」、「年金」等無聊透頂的名稱，為這些零用錢帳戶取名，讓未來的自己可以開心地使用。可以的話，就從另外創立小額帳戶開始吧！如果所得增加，也不要忘了多放一點進去「未來的零用錢帳戶」，未來的自己一定會感謝你的。

正確的消費態度會決定貧富

正念消費儀式是回顧自己每天消費生活的儀式。比起支出明細或金額，更注重與消費有關的情緒、感覺、思想等。跟單純寫記帳本不同，這是一個只集中在體驗並察覺「消費決定與執行的過程」。

上班族賢榮在買東西、外食、支付費用時，大多時候不會有特別想法。頂多在金額比較大時，會稍微煩惱該分期還是一次付清。結果一到卡片結帳日，就產生「我是買什麼才會花這麼多錢啊」之類的心情，但很快忘卻後又重複同樣的行為。聽說想做好理財就必須制訂預算、仔細撰寫記帳本等，因此也嘗試跟著做，卻沒三兩下就中斷了。她自我安慰「寫個記帳本是能省多少，還不如找個能賺更多錢的方法」，但不安跟自責仍

席捲而來

消費是金錢儀式的出發點

　　占金錢管理最大比重的莫過於每天日常的消費了，而且即使你沒收入也還是會消費。儀式並沒有定好的週期，但最好每天都做。每天訂好時間，並回顧該日的消費跟心情，就是金錢儀式。

　　做好金錢管理的原則很簡單，就是花的不要比賺的多，並將多餘的資金拿來進行有效的投資。一開始可能感覺不到差異，但隨著時間經過，你過往省用、累積的效果就會逐漸湧現。因此許多人為了省錢，會試著建立支出預算、寫記帳本等。然而只想著省錢是不夠的，你必須建立計畫才行。只不過，你必須避免建立太脫離現實的計畫，不然會導致中途放棄。先想想自己平常如何用錢，再按照消費傾向設立計畫即可。如果沒有這些基礎資料，只一味想著「我一定要做到這個程度」，最終只會落得失敗的下場。不要太過相信自己，也不用操之過急。先充分地熱身後再跑，才能在不受傷的情況下跑到最後。請記住，金錢管理的熱身跟出發點，就是所謂的消費。

專注在用錢的瞬間

　　試著想像一下，有人一整天跟著自己拍影片吧，畫面中的自己在用錢時是什麼模樣呢？有時你可能會花很多時間上網比價，有時不會想太多就直接結帳。你可能因為買了朋友喜歡的禮物而感到開心，也可能因為迫不得已花錢而覺得不爽。因為太累想點外送，卻為了配合最低訂購金額導致食物吃不完，結果忽然想起前幾天買了剩下的燉湯還在冰箱裡，心情就更差了。

　　在做正念消費儀式時，要把注意力集中在用錢的瞬間。就像拍影片一樣，把該畫面生動地拍下來，問問自己花錢前後有什麼樣的感覺跟想法。你可以將過去的習慣性的和沒注意到的消費過程，以立體的方式記錄起來。這時也請不要忘了拿收據。

一天10分鐘的金錢儀式

　　現在是進行金錢儀式的時間了。先找出一天中你最方便的時間跟場所吧！閉上眼睛後深呼吸幾次，讓心情平靜下來。

　　一邊看著當天拿的收據、卡片使用明細、匯款明細，一邊回憶當時的情景。這時你會重新感覺到開心、欣慰的回憶，以及難過傷心的情緒等。也可能當時沒特別感覺，但回顧時才浮

現情緒或想法，這些也都請你捕捉起來。

金錢儀式必須留下記錄才會明確。因為不管是正面還是負面，任何情緒都會隨著時間經過而變得模糊，你必須寫下來，才能將它留下。不用把它想得太難，按照腦中所想的寫下即可。

金錢儀式並不是「反省」的時間。在剛開始的金錢儀式階段更非如此。雖然反省並不是壞事，但如果把焦點放在反省上，就會愈來愈不想進行儀式。但也不能只找出好的地方，而是以原始的樣貌、感覺，正視曾發生的事情，彷彿有另一個我在觀察自己一樣，要用純粹的好奇心去探討。

你也可以在無特別目的的情況下進行金錢儀式，隨著時間經過，你處理金錢的方式一樣會自然顯現出來。你可以把目標放在減少消費上，但建議一開始先專注於事情的原始樣貌。就像在正式開始運動前會先做身體檢查一樣，最好讓自己呈現出符合實際狀況的姿態。

問自己用錢的理由

有個問題可能會讓你不太舒服。請試著問問自己「為什麼

會花這個錢」吧！即使你覺得日常生活的消費應該沒什麼特別的理由，但還是請你問問看。如果只是「在哪裡用了多少」之類的紀錄，那其實跟寫記帳本沒什麼兩樣。「為什麼」就是協助你找到自己消費模式的核心提問。

叡娜偏愛有機農產品，這反映出雖然價格比一般產品貴，但希望給家人較為安全、健康食物的價值。此外，她通常會選已經處理乾淨的蔬菜，同時也經常利用餐點配送服務與外送，因為對身為雙薪家庭家長的叡娜來說，時間就是金錢。

但投入金錢儀式後，叡娜才發現驚人的事實。她發現餐費的支出比想像中花了更多。此外，即使支出這麼高，她的滿意度卻不高，這讓她覺得更衝擊。試想一下，安全又健康的食物是否一定要食用有機產品？外送食物的便利性雖然很吸引人，但要處理包裝時又很不方便，也讓人感受到同時消費有機食品與外送食物的矛盾。

叡娜為什麼會有這種消費模式？她發現自己因為平常太過忙碌，導致對孩子一直有虧欠心理，而這種自責心將她導向「更好的食材」、「節省時間」等。

使用有機材料、外送食物等並沒有錯，只不過，這一定會給叡娜契機去深度思考，自己追求生活的方向跟消費模式是否處於同一個脈絡，以及是否有更好的方法。

評估情緒分數

在花錢時你會體驗到各式各樣的情緒，例如爽快、充滿活力的情緒，或是與之相反的情緒。試著給在各個消費項目中感覺到的情緒評分吧！如果你的情緒是愉快、幸福的話，給加號（＋），覺得有點憂鬱或不開心的話，則給減號（－）。最低從－5分開始，最高則是＋5分。

消費情緒分數

消費活動	情緒分數										
新發現的咖啡店美式咖啡	-5	-4	-3	-2	-1	0	+1	(+2)	+3	+4	+5
Netflix自動結帳 （上個月未解約）	-5	-4	(-3)	-2	-1	0	+1	+2	+3	+4	+5

例如，你去咖啡店喝的咖啡完全符合喜好，價格也合理，讓你覺得很滿意的話，就可以給＋2分。如果看到最近不常使用的服務已自動結帳後覺得很煩的話，則可給-3分。

若能將每次消費感覺到的情緒評分並記錄下來，就可以知道什麼樣的消費才會給自己滿足感，進而發現會帶來負面情緒、卻仍持續著的消費習慣。

第3章

自動致富程序第三階段

將自己的
金錢經驗具體化

我自己的金錢故事 —— 寫下財務自傳

「如果把我的人生寫成書，應該會有好幾本吧！」

生活艱苦的人容易把這句話整天掛在嘴邊。任何人都可能經歷充滿波折的人生，那些閃耀的場景與再也不願想起的回憶，就像經度跟緯度一樣交錯不已。所謂的人生，或許真的無法用一本書就講完。

自傳普遍被認為是成功人士的專屬物品，所以大部分人會覺得自傳都是年紀較大、身處高位的人在寫的。如果一個正值壯年的年輕人說要寫自傳，或許還會成為他人的笑柄。其實不管是誰、在任何時候都可以書寫自傳，你也可能寫上好幾次，因為這並不是寫給他人看的，而是為了回顧自己生活而整理的

內容，光憑此意義就已足夠。

然而，如果想整理從出生到現在的所有事情，可能會過於龐雜。別人也不能代替你寫，你想自己寫寫看，卻又浮現不出適當的題材。最後使得明明可寫上幾本的人生，連一本自傳都沒能留下。

財務自傳是自己關於錢的記憶

如果以錢為主題寫自傳會是什麼樣子？若只以生活中與錢相關的各種記憶、經驗為主來寫自傳，就可以稱為「財務自傳」。首先題目很明確，這樣跟記錄整體人生比起來，負擔減輕不少，而且也不是有錢人才可以寫，你只要回想生活中有錢出現、令人印象深刻的場景，把當時發生的事、情緒如何、在想什麼寫下來即可。

錢的故事並不僅止於錢。當你開始寫財務自傳後，範圍可能會擴展到家人、親戚、朋友、學校、公司，乃至文化。這也讓我們意識到，錢是以如此多樣的途徑靠近我們，並讓我們接觸各種面孔。這個過程會一而再、再而三，甚至讓你想起埋藏在記憶深處的種種事物。

為了更積極撰寫財務自傳，你也可以將家人或親近的人當作取材對象。你可能透過該過程發現未知的事實，也或許身處同樣的狀況，但對方記得的內容卻與你截然不同而感到驚訝。但尋找真相並不是財務自傳的目的，你不需要去計較對錯，重要的是找到自己對於錢的信念。

為什麼要寫財務自傳

寫財務自傳的目的在於更加了解自己，藉此，你可以更深入了解自己跟錢的關係，以及自身的財務狀態。這樣日後你在賺錢、投資之類的事，才能找到必要的核心關鍵。

有人會質疑整理過去發生的事是否有助於理財，他們認為，即使記錄過去的事情，現況也不會有什麼不同。就像寫財務自傳寫到一半，發現別人欠錢未還，也沒辦法再拿到這筆錢；相反的，還可能因為想起這筆拿不回來的錢而瞬間壓力上身。的確，就算寫了財務自傳，你的財務狀態還是一樣，然而，你卻可以了解狀態的成因。

寫財務自傳時，可以察覺自己對於錢的態度，同時也會發現，原來已經不記得的事情，仍會對自己產生影響。你也可能藉此治癒因錢或人曾受到的傷害。

寫財務自傳是一種察覺的過程，你可能會重新書寫出深藏在內心、自己也未曾發現的信念。就像肌肉如果一直往同一方向使用會跟著強化，但若做不同動作就會變得不順，假使只是放著不用則容易僵化。當你移動沒使用的肌肉時，一開始會覺得不太舒服；但當你將緊張又萎縮的肌肉放鬆後，身體就會變得更加柔軟。

錢也是一樣。對於錢，你可能在心裡懷抱某種不容置疑、猶如真理的信念，這些信念並非百分之百荒誕無稽，但也不一定都是真實的。你對錢的思考跟態度愈古板，就愈難做出合理的判斷。而財務自傳可以當作是對錢的全身伸展，一開始一定會不舒服，但只有這個方法可以提高你對金錢的柔軟度。

財務自傳該怎麼寫

書寫財務自傳的方式大致分成兩種。你可以隨著時間流動書寫，或是分主題撰寫。

如果你打算從對錢的最初記憶開始，那麼隨著時間經過，可能會發展到過於長篇大論，畢竟大部分都不是什麼足以改變人生的重大事件。或許你也會煩惱「連這個也要寫嗎」，那也無妨，如果是對你個人有意義的話，就足以當作財務自傳的素

材。只不過缺點是容易導致你從某個時期開始卡住，或難以寫到最後。

你也可以按主題書寫。像「對錢最初的記憶」、「母親常針對錢說的話」、「我做過跟錢相關最棒的決定」等。你可以一次訂下數個主題來寫，但建議一天只集中在一個主題即可。

訪談的方式也頗具效果。訪談可以讓大腦透過提問產生刺激，進而更積極地回應。有些問題你可以即時回答，有些則浮現不出任何想法。這時可以不用急著擠出東西，而是將該問題放在心裡一整天試著回想，或許就會有意想不到的事情浮現出來。假如不管怎樣就是無法想出答案，不妨就先跳過，也許你會在回答其他問題時偶爾想起也說不定。

你也可能會接觸到一些令人辛酸的提問。根據寫過財務自傳的人所言，回憶不願想起的事情是非常辛苦的。而這些事情很多都與幼年或青少年時期經歷的財務困難有關，重新回顧起那些充滿怨懟、挫折與羞恥的記憶，談何容易？如今已是成人的你，再次回想起當時父母不得已的處境，一方面理解，一方面也覺得惋惜，甚至心裡仍留有無法癒合的傷口。但無論是何種情況，最好都能誠實面對自己，並將它書寫下來。

財務自傳有結論嗎？

　　財務自傳並不是現在進行式。雖然我們無法知道尚未結束的故事結局，但就寫財務自傳的目的來看，你可以試著做出中間的小結。

　　財務自傳的中間小結是「我對錢抱持的信念」。也就是說，你可以整理出「我對錢或財富是如何認知與行動」的概要。如果你仔細咀嚼從小到青少年、成人，再到賺錢、管理錢財的現在，就會發現中間有重複的模式。如果身處類似的狀況下，自己制訂的財務決策有一定的傾向時，就代表你心裡有極為重要的信念。除了有意識制訂的決策之外，若在日常行為中也有重複模式，則代表該行為與財務信念有關。

　　在開始之前，你無法得知會寫出何種故事，甚至可能因想起本來忘得一乾二淨的事而有些驚慌失措。但不管你寫出什麼樣的故事，那都是屬於你自己的故事，也會成為幫助你找到你與錢之間的蛛絲馬跡。

你對錢的最初記憶

第一印象的影響力是很大的，錢也是一樣。你對錢最初的記憶是什麼？試著回想當時的年齡、狀況和感覺吧！即使不是實際上的第一次也無妨，只要是目前能回憶起來的最初記憶即可。試著將當時自己跟錢相遇的過往記錄下來吧！

可以參考以下四人記錄下來的對錢的最初記憶。

公車費50韓元 （成鎬榮，男）

我最初意識到錢這個東西，是在我六歲的時候。那是我跟爸爸去員工旅遊之後回家的路上。爸爸在公車後座跟同事把酒言歡，我則坐在前面。公車停下後，人們開始陸續下車。

我以為已經到自家社區，便跟著人們一起下車。過了片刻

公車出發後，我卻遍尋不著爸爸的身影。公司員工一下就四散，接著消失不見。

　　我的直覺告訴我出事了。天色已暗，雨也下個不停。我當時只想著，不管怎樣一定要回到家。想回家就必須搭公車，但我沒有錢。這時我看見在電車站前賣魚乾的老爺爺，我扭扭捏捏地靠近老爺爺後，將事情的始末告訴他，再跟他借了50韓元後，便搭公車回到家。

　　據說同一時間，爸爸發現我不見後，便失了魂似地到處找我。當時很多家庭都沒有電話，即使孩子找到了，也沒有可以聯絡家裡人的方法。爸爸到派出所通報失蹤孩童，一臉悵然若失地回到家後，才發現兒子已經到家了。他後來又循原路找到擺攤的老爺爺，表達感激之意，之後有段時間還經常到他那買魷魚跟花生回家。不知道是不是受那次事件影響，從此錢對我來說就如同「解決問題的手段」、「表達感謝的手段」。

不該打開的存錢筒（李夏琳，女）

　　那是在我國小二年級時發生的事。我們家有個存錢筒，裡面的錢是為突發的緊急狀況存的。爸媽為了不讓小孩碰到，就把它放在櫥櫃的最上層。之後某一天，我因為太想吃餅乾，而打開了不應該打開的存錢筒。餅乾給我的甜蜜很快就消失了，

取而代之的是媽媽對我的嚴厲教訓。

　　其實我也清楚存錢筒裡的錢有什麼樣意義，我知道那是不管再怎麼辛苦都不該動的錢。我聽著媽媽的責備，覺得心情很複雜。動了父母存錢筒而產生的罪惡感、埋怨沒辦法買餅乾給我的父母，同時還混雜了「我們家為什麼那麼窮」的悲傷。

　　我一直明確認為「我們家沒有錢」，所以我小時候只要不想做就拿錢當藉口擺爛，似乎都跟當時存錢筒的事件重疊了起來。

存錢筒遊戲（羅俞利，女）

　　我對錢的第一個記憶是硬幣存錢筒。那個時代省錢就是美德，人們會認為即使是一塊硬幣也不能隨便用掉。不知道爸媽是不是希望給子女來個財務教育，他們給我和妹妹各買了一個存錢筒。

　　我們會比誰存得多，只要存錢筒一滿，就會拿到銀行去存起來。銀行的姊姊會誇獎我們，還會給我們好吃的糖果。無聊的時候，就把存錢筒全部的硬幣從下面的孔撒出來，再分成500韓元、100韓元、50韓元、10韓元堆積起來玩。按照硬幣製造年份分類也很有趣。100韓元硬幣有不同的設計，這種硬幣不知為何感覺更有價值，我也聽說，某些特定年份的硬幣可

以賣到數十萬韓元。早知如此，我當初是不是不該把它拿去銀行存起來，而是應該直接放在存錢筒裡累積起來？我還記得像這樣把硬幣當成玩具把玩後，那手裡瀰漫的鐵鏽味。

錢很髒（吳成元，男）

我曾經吞過硬幣。上班去的爸爸給了我10韓元硬幣，我玩一玩就吞下去了。幸好沒卡到氣管跟食道。我到現在還記得，當時在醫院照了X光，看到畫面上那硬幣白白圓圓的。

醫師說1～2天就會排出體外，不用太擔心，讓我頓時安心了下來。媽媽責罵我說，錢那麼髒怎麼可以把它放到嘴裡。我聽了有點委屈，畢竟我不是想吃才吃下肚的，但從此媽媽說的「錢很髒」，就一直烙印在我的腦海裡了。

同上述，每個人對於錢的最初記憶都不盡相同。

有些人會記得玩弄實際硬幣或紙鈔的經歷，或是當時家裡的氣氛，聯想到財務狀況或家人之間的關係。也有些人會硬是記起偷錢或掉錢之類的故事。

你與錢的第一個記憶並不能完全說明你現在對錢的態度，因此不要太刻意將兩者連結起來。只不過，這是你將來書寫財務自傳的過程中，開啟往後無數故事的最初篇章。

母親如何對待錢財

　　人幾乎都是在母親的照料之下長大，而在大部分的家庭中，母親都擔任主要養育者的角色。這也代表，母親對子女的影響很大。除了飲食習慣、生活態度之外，也形塑了我們對金錢的印象。

　　母親是否有從事經濟活動，會對子女的財務觀念產生重大影響。例如全職家庭主婦、雙薪家庭，或代替父親從事經濟活動等不同角色，幼年子女對於錢的印象也會不太一樣。除此之外，孩子也會從母親主要說的話、表情、行動中，學習「錢是什麼、錢是拿來做什麼的」，或是在心裡下定決心想著「我一定不能這麼做」等。

試著回想一下你的母親是怎麼看待錢財的吧！

不管是哪種接觸金錢的態度都好，她可能很努力存錢，也可能對錢不怎麼關心，抑或樂於為自己、家人或周圍的人用錢。

有些人可能在回想母親跟錢有關的事情時，同時浮現出母親一些令人想不透的行為，並意識到也許是當時年紀太小，或是家裡有苦衷。當然，也有人可能到現在仍無法理解。來探討一下在你的記憶中，母親跟錢是以什麼樣貌出現的吧！

對錢沒欲望的媽媽（韓寶石，男）

我媽媽常覺得不太需要錢，也不太有需要用到錢的狀況。她認為錢只要夠用就好，也相信即使遇到什麼危險狀況，總會有辦法解決。她在崇尚父權的父親與丈夫之間也沒什麼野心，也很早就領悟和平相處的方法。

但我是一個想要很多東西的孩子，正確來講，我是總吵著「一定要那個」的孩子。對於這樣的我，媽媽總是會買比我想要再低一階的東西給我。這時我就會說「又不是那麼貴的東西，為什麼不買給我？」發洩不滿，媽媽則會為難地回應「又不是那麼好的東西，幹嘛一定要買那個？」

小學六年級時跟媽媽去百貨公司時，看上了一件價格昂貴的名牌牛仔外套。媽媽說太貴了不能買給我，但我可不會輕易退縮，光是那天就停留在那個商店五次，且不停散發渴望的眼神。歷經一番波折後，牛仔外套終於到手，我也一直到大學畢業前都穿著。比起昂貴的價格，媽媽應該為總是在奇怪的地方特別執著的我感到辛苦吧！

每天跟爸爸拿生活費的媽媽（鄭與凜，女）

結婚後成了全職家庭主婦的媽媽，每天早上會纏著爸爸要5萬、10萬韓元的現金。爸爸只允許在結婚初期就放棄寫記帳本的媽媽持有一張信用卡。媽媽是心胸寬大的人，我也喜歡這樣的媽媽。

即使在沒賺錢時，媽媽也很坦蕩，並樂於施予他人，媽媽說她代替爸爸做了許多慈善工作，所以應該要感謝她才對。即使有一點厚臉皮，卻也像個可愛的天使。只要跟錢有關，媽媽就經常這樣說：

「錢不是萬能的，但沒有錢萬萬不能。」

「女人應該也要有經濟能力。」（同時）「女人應該要跟有經濟能力的男人交往。」

「其他的我不知道，但至少求學這件事，只要妳要求，我

都能幫妳做到。」

「即使不會做飯，至少食材要用最好的，且對身體好的。」

「我不用名牌，因為我就是名牌。」

有能力的媽媽（宋時愛，女）

媽媽在金錢管理上的能力非常卓越。從結婚的時候開始就很仔細地寫記帳本，似乎是想讓我們兄妹見識她的金錢管理能力。我跟哥哥讀國小後，媽媽開始給我們零用錢；再大一點，就叫我們開始寫零用錢明細，但我沒有很誠實寫，寫的數字都跟實際花的不同，算是做「假帳」。因為怕寫得太誠實，可能被追究為什麼買這個，結果最後還是被發現了，我也被媽媽痛罵一頓。

我經常會忘記錢還在口袋，就把衣服放到洗衣籃，所以媽媽在洗衣服之前總是會先確認口袋裡的東西，那時如果發現有錢，她就會說「自己沒管理好的錢不能算是妳的錢」，就把錢沒收了。我到現在也沒能改掉這種壞習慣。

如果我那時當個聽媽媽話的女兒，早點學習到管理金錢的方法，現在會變得怎麼樣呢？對錢的滿足度是否會提高呢？

媽媽是我的帥氣戰士（許秀敏，女）

我對媽媽和金錢的第一個記憶，是她離婚後身無分文、一週見我一次的模樣。但我有好幾年都沒能媽媽聯絡上，只記得有幾次姊姊們要我在錄音機裡錄些話給媽媽。

日後才知道，一毛錢都沒有的媽媽即使想跟我們一起生活，也沒有一起住的房子（媽媽因為自尊心的關係，拒絕向娘家求援），所以在台灣當了2～3年的管家賺錢。

對我來說，媽媽是一名帥氣的戰士。回到韓國的媽媽結束跟爸爸撫養權的官司後，終於跟三個女兒一起生活。四個人只能在山上的小社區擠一間房睡覺，卻沒有比這更幸福的事了。不管再怎麼辛苦，媽媽也從未在子女面前說過累，或講爸爸的壞話。她每天在工廠工作16個小時，回到家身體都重得跟鐵塊一樣，卻還是跟我們說「多虧妳們我才能活下來」。

有天我跟社區裡的朋友玩，不小心玩到流鼻血，回家後媽媽對我說：「總比被揍的好，如果妳是跟男孩子打架打贏，大不了賠點錢就是了，不要怕！」雖然窮，但跟媽媽在一起，我一點都不覺得羞恥或不安。我也親身學習到，即使錢包裡沒什麼錢，也能帶著自尊心活著的方法。

父親如何對待錢財

「我是賺錢機器嗎？」

　　中年後，當男性對家人有怨懟時，經常會說出類似的話。自己為家人在外拚死拚活，卻經常被忽視，因而感到難過。

　　一個人賺錢生活負擔較大，因此最近大部分人認為雙薪家庭是必需的，但大多數時候，經濟重擔仍會落在父親身上。但一般來說，孩子還是跟媽媽比較有情感上的交流。書寫財務自傳時也有類似情形。跟錢有關的事情，媽媽經常出現，爸爸則少見許多。

　　甚至很多人會困惑，明明知道父親為了家庭努力賺錢，腦中卻沒有印象深刻的相關場景。但如果緊抓著記憶片段逆流而上，或許會出現某個讓你留下強烈衝擊的時間點。試著回想起

父親經常說關於錢的話題吧！也可以想想當錢的話題出現時，他是覺得不滿、擔憂，還是自豪？當看到爸爸用錢的場景時，你覺得是寬鬆還是嚴格呢？

爸爸沒錢（孫時愛，女）

　　小時候爸爸在講跟錢有關的事情時，最常說「爸爸沒錢」。這並不是因為爸爸真的沒有收入，或是我們家很窮，而是因為爸爸每個月都會把薪水全部給媽媽，只拿零用錢的關係。所以爸爸的意思其實是，我沒錢，要錢的事情找媽媽。

　　但有時爸爸也會有些媽媽不知道的錢，甚至還會給我們零用錢。現在想起來，大概是股票收入或出去兼差而拿到的外快吧。有一天，他引誘我們兄妹一起加入提高零用錢的抗爭，最後在媽媽的堅決反對下失敗收場（可憐的爸爸……）。

　　我八歲時，韓國爆發外匯危機，曾聽說「爸爸們都失業，導致經濟狀況變不好，很多家庭都滿辛苦的」，所以也擔心爸爸是否也如此。

　　但爸爸是公務員，因此不擔心被炒魷魚。

爸爸的錢包有樂透（朴智旻，男）

　　爸爸的錢包總是裝有厚厚一疊現金跟幾十張彩券，有時中

了五萬韓元之後，又把錢都拿去買彩券。我雖然一直都很怕爸爸，但每當看到他錢包裡的數十張彩券，就莫名從他身上感覺到人情味，我很喜歡。

爸爸不會在我說需要錢時問東問西，而是請媽媽直接給我錢。不過問月薪多少、存了多少錢、如何理財，是我跟爸爸之間的默契，彷若在經濟上相互保持界限一樣。

但我曾經跟爸爸為錢大吵過一次。那時我正在讀大學，我跟他透露想去留學的意願，但爸爸希望我在企業就職，還說只要我就職，就會直接給我跟留學費用一樣多的錢，但我還是堅持己見去留學了。爸爸說，即使去留學，人生也不會有什麼改變，他說對了。現在爸爸還會開玩笑說，如果那時我不去留學，而把那筆錢拿來買公寓，現在搞不好已經漲到幾億韓元。每到這時我就覺得自己很渺小，感覺把爸爸不分晝夜努力賺來的錢，花在一點價值也沒有的地方。

不要貪心（羅英訓，男）

我小時候對父親跟錢的記憶，比起實際拿到零用錢之類的，反而是對金錢概念方面的事情較有印象。雖然不知道為什麼會開啟這樣的對話，但父親曾談過人會被詐騙的原因。

他說詐騙不只笨的人會遇到，貪心的人也會遇上。當你渴望得到比原有報酬多更多的金額時，就成了騙子的大肥羊。父親一直以來都推崇正直謙遜的價值，我喜歡父親的這種樣貌，自己的價值觀也受到一定影響。

不過仔細想想，追尋財富跟正直謙遜的生活是不一樣的概念，但人會莫名覺得追求財富很貪心，好像要承受點不幸才合理。我現在對於父親的金錢觀已有不同想法，小時候從父親那邊學到的金錢觀比較接近「不要貪心」。

天下沒有白吃的午餐（鄭與凜，女）

大概從小學高年級開始，爸爸一個禮拜會給我一次零用錢。有時我會因為錢不夠，要更多零用錢反而被嘮叨。給零用錢時，爸爸那老大不高興的表情跟口氣，讓我每次領零用錢時心裡都不太舒服，幫忙家裡做家事拿到的錢還比較舒坦。

我幫爸爸拔白頭髮，一根可以拿50韓元。我非常喜歡這份工作，因為我比笨手笨腳的媽媽細心，所以爸爸很信任我；有時若不小心拔到黑髮，我就會趁爸爸沒看到時偷偷讓它掉到沙發底下，而爸爸一點也沒察覺，只是跟我說辛苦了，然後一臉開心地拿錢給我。平常不苟言笑的爸爸只是稍稍揚起嘴角，我

就知道他也很喜歡這樣的時光。在那個年紀，比起了解勞動的
快樂，我更在乎給錢的爸爸那鮮明對比的反應，因此也做得很
愉快。

　　我一直覺得不管是對媽媽還是子女都很嚴厲的爸爸，就像
狄更斯小說《小氣財神》的主角史古基，是一個冷酷無情的守
財奴，這樣講有些不近人情，但也確實如此。我的個性跟爸爸
很相似，因此也深受他的財務觀念影響，成了另一個史古基。
爸爸很習慣說這些話。

　　「不工作的傢伙沒飯吃！」
　　「懶惰沒資格叫窮。」
　　「天下沒有免費的午餐，父母跟子女之間也一樣。」
　　「我沒去找、卻自己跑來的誘人建議都是詐騙。」
　　「你要讓我滿意，我才能給你經濟上的支援。」

小時候家裡的經濟狀況如何

　　每個家庭的財務狀況都會改變，有些家庭隨著時間經過愈來愈好，有些則可能遭受重大的考驗。有時也可能為了解決眼前的問題，而過度強調節約，或總在消費上做出超過自己能力範圍的事情。

　　小時候對環境變化不是那麼敏感，但長大之後，會隨著家裡氣氛、與朋友或親戚之間的交流，對錢有特定的觀感。儘管錢是什麼東西、應該如何使用等具體觀念，並非透過直接傳授而來，但多少都受信賴的人影響，進而產生相關的信念。

　　十幾歲後對於錢的認知會更加明確，這個時期也會具體認知到自己家與其他人比起來，財務上是否較游刃有餘，父母在

財務上的支援屬寬裕（零用錢、衣服、鞋子、補習費等），還是要強烈要求才拿得到，或是不用要求也知道會被拒絕，所以乾脆放棄等。根據狀況不同，財務自傳內的故事走向也會不大一樣。

但並不是說幼年很艱困，就一定會「對錢執著」，或是「視金錢為罪惡之物」。反之亦然，青少年期間過得富裕的人，也並非一定「金錢觀很自由」或是「很擅長金錢管理」。

即使是在同樣環境成長的兄弟姊妹，也經常對同樣的財務事件有不同的理解。錢的信念受環境影響，但在同樣環境下，不同人講述的故事也可能全然不同。這是因為經歷相同財務事件的兄弟姊妹，抱持的信念完全不同。

在寫幼年時期與青少年時期的財務自傳時，可以試著回答下列問題。

- 拿到零用錢後做了什麼？
- 生日或節日是如何度過的？
- 什麼時候知道家裡的經濟狀況？
- 當時的感覺與之後的行動為何？
- 你有偷過他人的錢或東西嗎？

在半地下[1]的公寓（羅英訓，男）

國小低年級之前，我都跟爸爸、媽媽、弟弟、奶奶共五個人一起生活在半地下室的公寓裡。我到現在都清楚記得走到家裡的路，以及家裡的構造。打開大門進去後，對面就有連接半地下室的通道。當時在半地下室生活的有兩個家庭，我們家住在較裡面的那一側。房東的家就在經過小小的院子後上幾個階梯之後的地方，房東家的玄關清理得很乾淨，跟東西一團亂的半地下室呈強烈對比。當時年紀雖小，卻對這樣的差異留下不舒服的印象。我對財富差距的認知大概是從那時開始產生的。

小學二年級時，我們家搬到了房屋認購[2]中選的小公寓。父母跟奶奶都很開心，說是我們進了房東家，當時我的觀念裡「過得最好的人＝房東家」，所以聽了那句話之後，還以為我們家變成超級有錢人了。

搬到公寓後，鄰居或朋友的家境都跟我差不多，雖然也有人穿比較好的衣服、鞋子。也許是因為如此，在進大學以前，我從未在鄰居或朋友身上感到巨大的貧富差距。

---

1. 建於一般公寓下方的住宅。
2. 透過「房屋認購綜合儲蓄」長期定存，累積分數取得抽籤資格，就有機會用低於市價的方式購買由政府蓋的住宅。

我們家很窮，所以沒辦法給你買那種東西（羅俞利，女）

父母在我小時候因為做生意欠下一屁股債，我後來才知道，那之中也有私人借貸，所以要還非常多的利息。聽說那筆債務約在我念大學時全部還清了。

父母一直很忙，總像被追著跑似地拚命工作，我卻不知道我們家其實欠了這麼多錢。即使媽媽常說我們家瀕臨破產，我也沒特別放在心上。即使沒給我們買好的東西或名牌衣物，爸媽卻很大方投資我們任何有關學習的事。也因為如此，養成我「我們家雖然窮，但沒關係」的認知。雖然因為窮而買不起貴的東西，卻能盡情地上補習班。

我很討厭聽到媽媽說「我們家沒錢，所以沒辦法買那個給妳」，也覺得像藉口。明明我的感覺就是沒到那麼窮，因此不禁有「媽媽是不希望我買東西才這樣，真小氣」、「家裡沒那麼寬裕，但還是願意援助我嗎？我得好好表現才行」等想法。

第一份打工（許秀敏，女）

我的第一份打工是在國小六年級。那個時候很想要一台mymy（三星電子出品的小型隨身錄音機），我邊翻找徵人廣告邊打電話，後來就找到了幾份工作，像是發傳單跟賣糯米

糕等。媽媽怕危險，說要直接給我錢，但我就是很想自己試試看。

　　發傳單每天是2萬韓元，賣糯米糕則可以拿銷售額的一半，收入比想像來得好。糯米糕是跟朋友一起賣的，我曾經努力拉下臉跟路人搭話，也曾隨機進入開門的店家請他們購買。就這樣過了幾天，我發覺只要在下午3～4點去醫院護理站那邊賣，就會賣得很不錯。領悟做生意訣竅的我，決定一天要賺9萬韓元。雖然在媽媽的反對之下，打工一個禮拜就宣告結束，但那是我人生第一次賺錢的寶貴經驗，也讓我產生不管做什麼都不致於餓死的自信。

我二十幾歲時是怎麼看待錢的

　　幼年、青少年時對錢的想法、情緒、態度，對未來有很大的影響，但二十幾歲時的經驗也不惶多讓。這時雖已是法定的成人，但金錢觀念仍是模糊的。大部分的人都是在未能熟悉處理錢的情況下，迎來二十歲。

　　二十幾歲的人書寫財務自傳，應該會經常寫到自己的失誤與受騙的經歷；在財務上獲得滿足的結果後，卻因無法分辨運氣跟實力而遭受失敗等經驗談也算常見；或者也有很多人選擇與錢保持距離。

　　如何籌學費是不容忽視的重點。不管你的學費是由父母負擔，還是拿獎學金或申請學貸，二十幾歲時籌措學費的這件事，會是財務自傳中很重要的素材。

也有人會在打工的同時體認到殘酷的現實。這個時期也會因為來自不同背景的朋友，而特別感受到與他人思想與經驗的差異。

如果已就職或創業，錢的處理規模可能會不太一樣。你會從零用錢或打工等種類，進一步接觸到如月薪、銷售額等名稱的金錢。二十幾歲正是奠定你對金錢抱持何種信念的時期。

當你在寫二十幾歲的財務自傳時，可先試著回答以下問題，相信會有所助益。

- 談戀愛花錢時，有什麼樣的經驗或感覺？
- 第一份月薪是怎麼使用的？
- 申請信用卡後使用的經驗如何？
- 曾因為錢而遭遇困難嗎？

就連呼吸都在花錢（李夏琳，女）

沒錢的待業期間我都待在咖啡店讀書，不過光是去咖啡店的支出也不容小覷。有時會跟朋友見面轉換心情，但因為也會花錢，所以見面的次數就逐漸少了。甚至找打算應徵的公司資訊時也要花錢，簡直連呼吸都在花錢。

打工賺的錢根本不夠，連為自己買件衣服都是奢侈。我總是對錢覺得厭煩，那種急迫感讓我覺得，就算一個月只賺80萬

韓元 [3]，也會感謝到不行。

我一心想著「先找個可以賺錢的地方吧」，之後便在跟主修完全無關的地方就職，但只做了一個禮拜就離職了。回到待業狀態後更痛苦了，一邊想著「不要為了錢太急著就職」，一邊撐了下來。幸好目前做的工作跟主修有關，但上班的地方月薪太少，所以也總考慮著離職。不過跟待業期間比起來，我現在可以買想買的東西、學想學的東西了。好不容易有所進展，不如就專注於現在，往下一階段邁進的那天總會到來吧！

天無絕人之路嗎？（韓寶錫，男）

上研究所後曾有幾次擔心沒錢的經驗。搬家的時候很辛苦，生活費總是不夠。生活費雖然可以靠打工或助教獎學金解決，但處理全租 [4] 的保證金時真的很累人。最後我沒能湊到保證金，也沒獲得父母的支援，因此只能搬到比既有的房子條件差許多的地方。

我常因為錢的事情生氣，也時常抱持著負面的想法。一開始找房子的時候，還因為實在太茫然，也沒有解決方法，便想

3.接近新台幣兩萬元。
4.指租屋者須付一筆押金給房東，每個月只需繳交其他雜費，而不需再額外付租金，契約到期後再歸還給租客的租屋形式。

著「煩死了，真想死」。

　　儘管如此，我仍反覆告訴自己「天無絕人之路」，但事與願違，各種讓人崩潰的事情持續發生。我真的盡了全力，但能撐到什麼時候，我自己也不知道。到底該如何解決？

因父母而生的債務（楊道賢，男）

　　大學註冊費有一半是用我自己的錢付的，最後一個學期時，我一口氣丟了三個家教工作，那時正值外匯危機。而我最後一個學期沒有錢繳註冊費時，爸爸還從我的戶頭裡把錢領走，最後是在朋友的幫助下，拿到獎學金後解決的。

　　我剛始領月薪的時候，就因為父母的關係欠債。那筆債務並不是一兩天就能還完的，它跟了我十年。我也因為這筆債，生活多了很多限制，除了物質上的限制，心理上的制約也很大。由於債務的關係，讓我總是畏畏縮縮，經常煩惱到底該先還債，還是為了自己存錢。

　　如果存摺內沒有某個數字以上的金額，我就會感到很不安，甚至用錢時也會有罪惡感。當我在憂心錢的時候，對自己沒什麼怨言，畢竟那不是我自己造成的，但我卻害怕做出錯誤的選擇，而擔心得七上八下。

有一件事情我的確做錯了，就是我應該要將錢排除在我與父母的關係之外，我誤以為可以用錢讓他們過得更好，誤以為可以用我的錢讓他們更喜歡我。

人生第一次絕交（鄭與凜，女）

在我二十幾歲時，偶然遇到一個國中同學，那個同學在花錢時非常果斷，即使不是什麼特別的日子，也會送我禮物，或是在見面時請我吃飯。我對毫無來由且免費的東西感覺有負擔，但不管我怎麼說，他仍固執己見。

他雖然很早就業，但仍在還學貸，甚至還跟爸媽借了一大筆錢。要還的錢如同一座山，他卻在每次購物時都毫不猶豫地刷卡。他每次只還部分信用卡費，剩下的則延到下個月，最終導致問題爆發。

所以當時我很阿莎力地就借出一大筆錢；但三年來他連一萬韓元都沒還過，卻只在社群上炫耀自己消費的東西。最後在我的堅持之下終於拿到錢，我卻永遠失去了一個朋友，這是我人生第一次跟人絕交。那之後我就建立了自己的金錢原則，也更加相信「世上沒有白吃的午餐」。我也體悟到，一個人的心理健康可以透過對他錢的態度略知一二。

實際的理財經驗如何

在經歷第一個工作、第一份月薪、第一次用自己的錢買東西，那種興奮、愉悅、可惜的感覺消失後，就正式進入理財的世界了。大多數人認為理財是在投資、擴大資產，但我們不妨把概念拓展到房子、汽車、保險、事業、契約吧！雖然這些經驗的頻率比日常的收入支出低，但用錢的規模或對生活的影響卻相對大很多。你可以回顧過去，把自己當時如何下決策、這樣做的原因、當時的感覺跟影響記錄下來。

房子可說是人人關注的話題。除了自購住宅外，找全租或月租的房子也不容易。夢想獨立居住或努力買下自己房子的人，對有關房子的各種決策，都必須小心謹慎。若是第一次買房或簽全租、月租契約的話，不妨試著回想一下吧！

你可能會想到為房子奔走時的感受、籌措資金的努力、確認契約書上的數字是否正確的瞬間等，甚至聯想到搬家後覺得慶幸或後悔的記憶。

如果還有原本只有活存、定存，卻在後來一口氣投入如股票等有虧損風險的投資工具，也務必把它記下來。每個人投資的動機都不同，有人因為覺得只靠活、定存沒辦法負擔日漸升高的房價、退休金，而感到焦慮；也有人因為受到朋友建議或媒體影響。你在投資的過程中應該會有各式各樣的故事，好比像股價下跌時讓你搥胸、投入存股賺到錢等經驗。試著整理在這些經驗中，自己對於投資抱持的信念吧！

講到保險應該也是一堆故事。有些人可能是朋友、親戚有人是保險員，因此才接受他們的建議而買保險。是誰建議的不是重點，但若沒有徹底了解保險內容的狀態下投保，就可能遭受損失，而這種事情卻層出不窮。相反的，也有人曾托保險的福而脫離危機，因而對保險抱持正面的態度。

若你曾購入更高價的物品或對自己有特別意涵的東西，也不妨都寫下來。此外簽訂年薪合約、創業經歷等，假設有以錢為主題的事項，也可記錄在財務自傳中。

下列提問應該也會有所幫助。

> • 對錢所做過最好的決定是什麼？
> • 對錢所做過最後悔的決定是什麼？
> • 是否有影響該決定的人或根據？

對錢沒概念的我（金秀晶，女）

我崇尚居住獨立，所以輕易就簽訂了第一份租賃合約。我不怕簽約，連貸款是以億為單位也不懂得害怕。當時比起存錢，我一心想著即使只能找到小到不行的房子，也要獨立出去。簡單講就是當時沒什麼概念，但所有事情都是自己去了解，自己去貸款、簽約，所以也感到欣慰。

我有很長一段時間沒有保險，雖然父母小時候曾幫我投保過，不知道為什麼後來就解約了，直到我三十歲後才再加入。大家只要聽到我說目前只有實支實付醫療保險，都會嚇到，並會給予我各式各樣的建議。不知道是不是因為保險本身就難，或是聽到太多不好的例子而害怕，我之前從未想徹底理解它。

在大家把精力都投入股票時，我因為沒有第一桶金，所以覺得不能在不了解如何交易的狀況下就盲目跟隨流行，所以僅少量買賣。之後在朋友的建議下買了一點虛擬貨幣，卻從買進

後就持續下跌，由於太過心痛，現在根本連看都不看了。

想要自由就需要錢（鄭與凜，女）

我第一間自住的房子是5.5坪左右的小套房，保證金500萬韓元，月租則是40萬韓元。雖然獨立是跟爸爸吵架後賭氣的結果，但因為當時借錢給哥哥，最後還是用了爸爸的錢繳了500萬韓元的保證金。現在回想起來，當時爸爸好像不覺得怎麼樣，就我自己在生氣。我當時的想法是「想要自由就需要錢」，即使與父母同住一個月可以省50萬韓元，我卻一點也不覺得可惜。我存到一定的錢，也有固定薪水。財務狀況必須穩定，才能堂堂正正地享有情緒上的自由。

我曾因為哥哥說要買股票而借出500萬韓元，他答應會給我10%的利息，但哥哥卻把股票脫手拿去買虛擬貨幣，導致後來錢回收的時間比想像中拖得更長，而且還是在數次反覆的催促後才拿回錢。

雖然股票跟虛擬貨幣不同，但兩者對我來說都有如賭博，特別是爸爸跟哥哥都算失敗的投資者，讓我更加覺得如此。本來哥哥再怎麼鼓吹我投資股票跟虛擬貨幣，我都不為所動，直到新冠肺炎爆發後掀起的投資熱潮，讓我再也無法只是旁觀。

光是開設帳戶、找YouTube來看還不夠，我還開始專心研究投資起來。

掙扎地東碰西撞（羅英訓，男）

我這輩子第一次簽的全租合約可說是件大事，其他人第一次簽合約都是跟父母或朋友一起，但我卻大膽地自己做了。這卻是問題的開始，離搬家日子沒剩多少天時，房東突然變更了入住的日期，毫無經驗的我被不動產仲介的花言巧語說服，最終將入住日期往後延，重新簽了一份合約。現在回想起來，當初一點都不斤斤計較的自己真是讓我猛捶心肝。

搬家後第二年我就有了第一桶金，我想著「這筆錢要拿來做什麼」，之後便買了車。這在當時算花了一大筆錢，是完全遵照感覺行動的一次消費，CP值什麼的都擺一旁，我只選了覺得漂亮、開了之後心情像飛起來一樣、適合30出頭的人開的車。現在想想，當初真的是欠缺考慮，十分可惜。最近喜歡上露營，但想換車卻很困難；但我仍愛我的車子，甚至還跟人開玩笑說，我打算開它開到60歲，死後也請把它跟我一起埋葬。

跟同輩的人比起來，我花了不少錢在保險上，是父母以前幫我保的保險，父母退休後變成我在繳錢。某天我突然好奇是哪種保險，一看發現跟我想要的內容相距甚遠。原本打算解約，卻發現會產生不少虧損，最後就只能維持原樣。

我跟錢之間的關係如何

到這裡為止，你應該歷經不少艱辛的時刻。即使是自傳，也不會寫得一帆風順，你可能因回想起痛苦的記憶而感到不適，也可能已不太記得某些事。心裡總牽掛著那些不想承認的事，卻也因為讓人遺憾的場景而感到自責。

同時，你也可能因回想起令人慶幸的記憶而盡情書寫，或是偶然浮現出當時不知道、現在回想起卻覺得感謝甚至有些洋洋得意的自豪場面。不管理由是什麼，任何感情或想法都好，只要能誠實地將錢出現在自己生活中的場景記錄下來就可以了。

現在試著找一個舒適的時間與場所，將財務自傳做個結尾吧！任何可以讓你整理心情、冷靜下來的事物都行。你可以播放令人安心的音樂，也可準備咖啡跟點心。

拼圖

　　各位應該有拼圖的經驗吧？在眾多的拼圖之中，什麼是最重要的呢？有人認為「應該要找到邊緣或最大的那塊，才能對到位置」，但拼圖中最重要的其實是「拼圖盒的蓋子」。畢竟如果沒有原圖，就根本不知從何開始了。

　　財務自傳即是透過拼圖做結尾。如果只是陳述各個事件就結束財務自傳，跟你投入的努力比起來，恐怕收穫不會太多。你必須找出這段時間內，貫穿生活中與錢相關的主題、核心角色、經常出現的模式等。當然，財務自傳可能不會有像電影或小說般明確的主題或連貫角色，不過畢竟是自己認真、誠實書寫的記錄，因此在當事人眼中應可看得出不斷接續的走向。

經常出現的單字、想法、模式

　　來觀察看看財務自傳中經常出現的字眼吧！每個人的財務自傳中都會有經常寫的單字、想法、模式等。它們可能充滿連貫性，也可能出現一下就消失，或是之後就被其他的東西取代。不管是哪種情況，不妨都用「為什麼會這樣」去思考。

　　如果有特別驚訝或新發現的事物，請試著集中檢視一番。假使原先已完全忘記，卻在書寫財務自傳的過程中想起來，也

是一大收穫。若在幼年、青少年、成人各時期，看到自己對錢有特定傾向或模式，也可以把它們統統寫下來。

想對該時期的自己說的話

在書寫財務自傳時會有回到當時的感覺，你可能會希望把現在知道的事情告訴過去的自己，以致內心覺得鬱悶、可惜；也可能會想好好抱住那時期候自己，或產生想聆聽他訴苦的心理。

試著寫下想對當時的自己說的話吧！雖然時間無法倒轉，但若能安慰心裡那個「當時的自己」，也會進而連結到幫助「未來的自己」的道路上。而書寫財務自傳的原因，正是為了在觀察過去與現在之後，幫助你摸索出更好的人生。

一行概要

最後請將對錢抱持的態度、信念、行動總結為一句話。當然，這沒有標準答案，即使前後文不對題也無妨，不用想著一定要寫得很通順，能充分表達目前與錢之間的關係，就已足夠。如果覺得一句不夠，寫好幾句也沒關係。你可將這次財務自傳以此作結，並保留該份資料往下一個階段邁進。

我一定會一次就賺到大錢（金秀英，男）

　　我的腦子裡有很多為了合理化自己行為而產生的信念，因為對錢的恐懼，我反而讓自己披上「亂用錢的人」的形象，然後也真的亂花一通。這樣的心理暗藏我對錢的渺小自尊心，以及對存錢、賺錢的自信不足。隨著年齡增長，我為了迴避、蓋過這些負面的形象，似乎又更強化了錯誤的信念。好比說，我會嫌連小錢都省的媽媽很窮酸，或是明明自己也是上班族，卻對身為上班族的友人說「拿月薪怎麼買房」，滅對方的志氣。

　　我在做金錢儀式的同時，對於自己與錢相關的自責減輕了不少。我初次體會到省下一杯咖啡錢的愉悅，還一邊寫著記帳本。我不再認為節儉的媽媽窮酸，也懂得尊重工作了五年的上班族友人。最值得高興的是，我開始懂得給連小錢也會存起來的自己一句溫暖的鼓勵了。

我想要錢，但錢好可怕（許秀敏，女）

　　錢對我的生活造成許多影響，但愈是如此，我就愈拚命掙扎，努力不讓自己受錢的影響。而在這樣的過程中產生許多有關錢的矛盾信念，讓我與錢之間的關係更加弔詭。

　　辛苦賺來的錢變得容易花在不必要的地方，或是工作時本

來充滿活力，卻在財務上就要獲得成功果實時開始感到猶豫，終致失敗。這樣的模式四處可見。

到目前為止都是這樣的信念在影響著我，我也不覺得有什麼錯誤，但我卻不想被這樣的信條絆住人生，我想要自由。我在這段期間面對了藏在黑影中的其他信念，真希望能在這些意志當中找到均衡與自由。

要有錢才能享受盼望的自由（鄭與凜，女）

這個信念含有我無法從金錢中掙脫、獲取自由的過去。我那與低薪緊密相連的自卑感，讓我抬不起頭來，造成的影響也比想像還深遠。我連為了自己的必要消費都有罪惡感，也認定不會有更好的未來，甚至有時還會對父母有距離感，覺得自己欠他們一屁股債。

「錢＝自由」，自由包括了獨立、自主、彈性、便利等。作為這個信念的根基，如果錢不夠，就彷彿國家要滅亡，令人心生恐懼。目前我希望可享受的，包括安穩舒適的家、與家人關係融洽，並可游刃有餘地選擇想做的事情。而日後希望享受的，是與心上人的美好未來、減少勞動時間並過著田園生活、對周圍及社會有所貢獻等。

這些都在我想像的自由之中，但我也擔心無法按期望發展，導致不能隨心所欲。總覺得當你想要的愈多，恐懼也會倍增。因為討厭這樣，我一路走來都無法直視自己的欲望，但我現在知道，當你不去正視它時，恐懼是會在無形中加劇的。

　　如果信念如此，那我該如何選擇？若我現在處在離職前夕，應該會說服自己減少物慾，告訴自己省著用、降低欲望，不要亂花錢；然後努力賺錢、適度花錢，再好好存錢；跟符合父母期待的人交往，也接受父母的金援，依靠著配偶生活。這些看似答案的想法一直折磨著我，因為我始終認為這是「明智的選擇」。

　　但問題在於，這樣的生活對我來說是否意味著真正的「自由」？我的答案是「絕對不是」。雖然我仍害怕沒辦法跟想像的一樣、又做了不想做的工作、找到想做的工作但薪資不符合期待、我的能力不足以賺足夠的錢等。但若能克服這些恐懼，試著享受嘗試各種事物的自由，是不是也是一種對目前的自己最棒的投資呢？

在心裡治癒金錢問題的金融治療

　　所謂「金融治療」（Financial Therapy）是指檢視針對錢的感受、思想，並將負面行為轉換為正面行為的過程。如果說傳統上的財務設計，是檢查外表呈現的財務狀態，並建立財務計畫，那麼金融治療的重點，就在於處理人們對於錢的認知與情緒。認知與情緒都需花費時間形成，因此經常會從過去的經驗尋找蛛絲馬跡。好比小時候父母常說的故事、與錢相關的經驗等，都會影響你對錢的態度。

　　「有錢人」這個詞彙對特定族群而言帶有正面意涵，有些人甚至會渴望「我也想變有錢人」；也會有人認為「有錢人都很貪心」，並帶有負面觀感。你不需要無條件對財富抱持正面的立場，但對錢抱持的態度會大大影響我們的行為。

嘴上說「錢多很好啊」，但心裡一角卻有個「錢多使人墮落」的信念在驅使自己。或許是周圍的人一直告訴你有錢人都很貪心，也或許是你自身有被有錢人操弄的糟糕經驗，導致暗地裡產生「要成為那種有錢人，還不如窮點好」之類的想法。

我們需要金融治療的原因

你可能會想不管過去怎樣、對錢的態度如何，「只要從現在開始賺大錢不就好了」。很多人認為，因為錢而產生的壓力，都是因為錢不夠而產生的。某種程度上沒錯，特別是收入少而遇到的問題，只要所得變多，就有一大部分能獲得解決。

然而，仍有些問題是收入增加也無法搞定的。當你年薪3,000萬韓元時，會覺得年薪若能變成5,000萬韓元，所有的煩惱都會消失；而年薪5,000萬韓元的人則會覺得，年薪若能達到1億，就沒什麼好奢求的了。那麼在達到渴望的1億韓元後，是否就能跟壓力說再見？並非如此，因為你根本看不到終點。

難道問題不是出自所得，而是資產規模？根據《2021年家庭金融、福利調查》結果，韓國家庭平均淨資產為4億1452萬韓元，淨資產若達10億韓元，就能進入前9.4％。如果總資產減去負債後的淨資產還能達到10億韓元，那規模絕對不算小。

畢竟從統計來看，能進入前9.4％，就是稱之為有錢人一點也不為過。但如果你問那些淨資產達10億韓元的人，他們可能會告訴你那是因為社區大樓價格上漲，他們實際上並沒什麼金融資產，所以要成為有錢人還早得很。那麼到底要賺多少、存到多少錢，才能從錢的壓力中解放呢？

金融治療並不會無條件要你「滿足現狀」，沒錢不方便，有錢則便利許多，這是無庸置疑的。但心裡若有不管錢多少都感覺不舒服時，就必須找出原因並解決。你可檢視自己是否戴著有色眼鏡看待金錢，也可觀察自己對錢的情緒是否只偏向特定一邊。金融治療的目的即在於，假使看待錢的認知與情緒有偏差，就立即抓出問題，並與金錢建立圓滿的關係。

接受金融治療不代表你可以拿數億韓元的年薪、成為擁有數十億韓元的資產家。大部分人盼望的也非如此，而是「可不可以不要每天都擔心錢的事」、「能不能減輕錢帶來的壓力」等純樸心願。只是現實發展得太快速，使得純樸的心願難以實現。

你必須擺脫「別人在跑，所以我也得用同樣的速度跑」之類的想法，每個人都有符合自己的速度與方法。如果因為跑鞋裡有沙子而無法正常跑步，就必須把沙子倒出來，這才是可以長久、快速跑步的方法，金融治療即是將沙子除去的過程。你

必須將障礙物消除，才能減少不必要的阻力，進而創下更佳的紀錄。

金融治療方法

「發現金錢信念」（money scripts）是最具代表性的金融治療方法。金錢信念是指每個人對於金錢抱持的信念。就像演員會按照劇本演出一樣，人們在對待金錢時也會因為意識到金錢信念而行動。

強迫性消費、過度吝嗇、熱衷工作、慷慨解囊、財務依賴等財務問題，其實都與金錢信念有關。其實有非常多金錢信念雖然沒有表現出來，卻持續對你的財務決策造成影響。

你可透過項目測試、訪談等方法找到自己的金錢信念，書寫財務自傳也是很有效的方法。由於金錢是極為複雜的主題，光靠金錢信念是無法完全闡釋的。不過在賺錢、用錢的過程中，若有一貫性模式，通常會與金錢信念有很深連結。

若能發現主要的金錢信念，就等於找到處理金錢的障礙。透過金融治療，你可以發現自己對於金錢扭曲的印象，並擺脫它，同時金錢建立更健全的關係。

影響金錢管理的金錢信念

金錢信念主要在幼年時形成，並在成年後會無意識地跟隨。「錢為何物」之類的信念在心裡根深蒂固，並對日常生活的金錢管理、制訂重要決策等造成相當大的影響。

美國的心理學者布拉德‧克隆茨與泰德‧克隆茨，以及國際認證高級理財規劃顧問卡勒‧瑞克等人，長期研究金錢信念，在金融治療領域占有領先地位。他們在美國心理協會、理財顧問認證協會（Financial Planning Association，FPA）、金融治療協會等處發表多數論文，並出版了幾本書籍。

他們將金錢信念分為四類。不過，即使是同樣類型，也不是每個人都會做出相同的行動，有時甚至會完全相反。也就是說，此類型並非以行動模式分類，而是以觀念與動機區分。

類型一：錢讓人崩壞（Money Avoidance）

世上真有人討厭錢嗎？如果有人對自己說「祝你變成有錢人」，應該沒幾個人會給臉色看；若抓周時抓到錢，父母會喜出望外。在金錢至上的資本主義社會，實在很難相信會有人不想要錢，但確實有很多人抱持著迴避金錢的金錢信念。

他們認定金錢是所有問題的根源。特別是一定程度以上的錢會使人墮落，實際上也確實可能如此。有人中了樂透之後生活完全走樣，也有人賺了一點錢就遠離家人、朋友，最終迎來的都是不幸的生活。如果要那樣活著，還不如過著有點窮，卻敦親睦鄰的生活，或許還比較有價值。

迴避金錢的金錢信念陷阱在於，認為「一切都是因為錢」，把責任都歸咎到錢的身上。錢太多會變得不幸嗎？沒錢會更幸福嗎？你只要再多加思考，就知道不是這麼一回事。也有很多人雖然有錢，卻一邊幫助周圍的人，一邊過著幸福的日子。

根據一個以美國人為對象的研究，在每年所得達到6萬美元之前，所得增加愈多，幸福指數就會跟著上升。然而在超過6萬美元之後，幸福指數卻沒有上升的跡象。這顯示出，為了基本生計的所得有其必要，但當超過一定程度時，錢與幸福就不再有關聯。即使所得增加，也不會因此變得更幸福或更不幸。

既然如此，應該會有人反駁說：「有再多也不會變得更幸福，那為什麼還要再賺更多錢？」

根據研究顯示，所得達6萬美元以上的人之中，也有人幸福指數是更高的，這是因為其他變數影響了幸福指數，其中與錢相關的事即為做公益。自己吃得好、穿得好而感到的幸福有限，而藉由公益捐款，可以享受另一種層次的幸福感。也可以說，比起錢的多寡，如何使用它才是重點。

類型二：金錢至上（Money Worship）

英文單字「worship」可翻譯為「崇拜」，而「Money Worship」這類的話應該會讓你覺得反感，因為這給人除了錢什麼都看不到的印象，也代表這些人認為「只要錢變多，所有問題都可以解決，我也會更幸福」。他們相信現在會覺得痛苦，都是因為錢不夠的關係，所以只要錢再多一點，就可以解決所有問題。

有錢確實可以解決很多問題，從這個觀點來看，該金錢信念很有說服力。但我們要記住的是，所謂的金錢信念只是部分真實，如果全然接受是有問題的。每個人都知道，生活中有很多問題是錢無法解決的。

抱持金錢至上信念的人，看似會過著瘋狂追求金錢的生活，實則不然。這些人之中其實有很多認為「我永遠都不會變有錢人的」。雖然強烈渴望金錢，卻又認為自己絕對得不到，或許這樣的人才是最辛苦的。

類型三：錢就代表身分（Money Status）

有該類型金錢信念的人相信「我有多少錢，就代表我有多少價值」。他們認為有錢就能成為有價值的人，沒錢則代表自己沒價值。他們認為，有錢人之所以有錢是有原因的，而窮人都是因為不努力。

這些人為了達到更高的地位，時常會熱衷於工作，不過將成功事蹟讓他人知道，才是他們努力的重點。他們想讓別人認定自己是有價值的存在，但想要如此，就得有成績展現出來。如果總是「恬恬吃三碗公」，很難徹底展現自己擁有的財富，這些人會拿著名牌包或開昂貴的汽車，正是他們認為這些都是顯露價值的象徵。

因為游刃有餘，所以消費不成問題。但若不衡量自身能力，一味購買昂貴的物品或龐大支出，最終可能無法負擔費用，而扛上巨大債務。為了讓自己躋身有錢人的行列，而冒險投資或賭博的人之中，有非常多人是信奉這樣的金錢信念。

類型四：錢雖必要，但需保持警戒（Money Vigilance）

這類型的人會對錢保持警戒，但也覺得沒錢萬萬不可，對他們來說，錢是很難開門見山討論的話題。好比說，他們忌諱將自己的所得或財產有多少告知他人，也認為問別人這樣的事情是不對的。

不過並非對金錢毫不關心，他們也會努力存錢，並害怕欠下債務。甚至會準備充足的預備金，以備不時之需。他們在金錢管理上像本教科書，但卻容易設下關於財務的界限。

他們視追求財富為危險的行為，對這些人來說，錢並不是安穩的東西。由於「不能讓別人知道」，所以會偷偷藏著。跟錢有關的事情不輕易相信周遭的人，也是其特點之一。

人們會為了應對困難時期而有預備金，但也必須懂得為了當下的快樂而花錢，這才是身為金錢主人該有的作為。如果只一味害怕所有物消失而戰戰兢兢，只會離幸福愈來愈遠。

小心財務舒適圈

熟悉的事物總叫人安心。用慣的東西、經常喝的咖啡、常去的老店……，會給人安全感，因為它們會按照我們希望的行動，也最能反映出我們的喜好。

熟悉感就如同一道圍籬。圍籬有保護的功能，卻也會限制範圍，如果只待在圍籬裡，就可能以為自己看到的就是全部。有時你必須往圍籬外走走，也就是嘗試新事物。最好可以擴張圍籬，或直接將它拆掉。

脫離舒適圈

麥爾坎・葛拉威爾[5]（Malcolm Gladwell）在《異數：超

---

5. 曾任《華盛頓郵報》記者近十年，專跑商業及科技領域，並自1996年起擔任

凡與平凡的界限在哪裡？》一書中提到並聞名的「一萬小時定律」，是指為了在某個領域中爬上最高峰，最少需要一萬小時的練習。然而「一萬小時定律」的創始者安德斯・艾瑞克森[6]（Anders Ericsson）則強調，只增加練習量是不夠的，必須「有意識的練習」。

所謂有意識的練習，是指嘗試某件事物並反覆練習，並專注在過程、不足的部分、改善方法等方面。因為不加思索地練習，即使持續許久，實力也不會增長。

而在有意識練習的要素當中，脫離「舒適圈」（comfort zone）這點很值得玩味。舒適圈除了指人感覺最舒適的溫度、溼度等環境之外，也意味讓人覺得安全的心理狀態。

你必須遠離熟悉的事物，才能成長；待在舒適圈裡，只會感覺到安穩。如果想要變得健康，就必須改變飲食習慣、多運動、轉換生活方式，你必須掀開溫暖的棉被起床，跑到冷颼颼的戶外運動。好比說，去健身房運動不難，前往健身房的這件事才是最困難的。我們總是會喊著「明天再開始減肥」，然後繼續原地踏步。

《紐約客》特約撰稿人。
6.佛羅里達州立大學心理學教授。

拓展財務舒適圈

　　金錢也有所謂的舒適圈，稱為「財務舒適圈」。在處理錢的模式上，覺得「這個對」、「這樣就好」、「不能再好了」的心理狀態，即為財務舒適圈。

　　不管是只要一說到錢就煩的人、對錢毫無興趣的人，都有所謂的財務舒適圈。財務舒適圈是受到金錢信念、目前財務狀態影響而形成。此外，經濟上的成功也會受財務舒適圈所限，也因此容易被眼前看不見的圍籬困住，無法向外邁進。

　　如果想脫離自己的財務舒適圈，會產生罪惡、羞恥等感覺，這跟極度拉扯彈簧後，會產生更大的作用力回復原狀差不多，我們會下意識認為，必須回到原本的位置才安心。不管所得或資產增加、減少，若仍在財務舒適圈內，就不會令人感到不安；若脫離財務舒適圈，負面情感就會瞬間湧上。

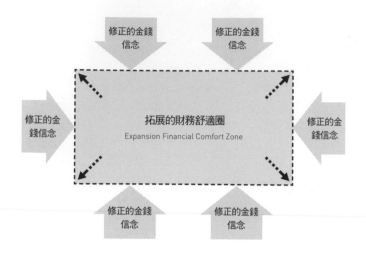

倘若繼承了一大筆錢呢？光是想像就讓人眉開眼笑了。不過，實際上得到大筆錢財的人之中，也會有人受到「有錢人都很貪心」、「錢要用賺的才行」等金錢信念影響，而無法好好運用這筆錢。他們懼怕因錢而墮落，也因為不是自己賺的錢，而覺得沒有資格擁有。工作賺來的錢或繼承來的錢，本質上都是「錢」，但我們通常會比較珍惜賺來的錢，而輕易花掉突如其來的錢財。

如果想要更游刃有餘地處理金錢，就必須拓展財務舒適圈，金錢信念幾乎無法通融，它就像成見一樣無法輕易改變。如果能發現深信不疑的金錢信念中的真假，再將之升級的話，財務舒適圈也能相對擴大

假若你抱持著「有錢人都很貪心」的金錢信念，就可能會問「有錢人都很貪心嗎」，而你也可以找出無數個例子。金錢信念如前述，可透過找出內心層面來修正。

　　若能拓展財務舒適圈，就愈能不受金錢的拘束。有錢人有有錢人的作法，沒錢的人也有沒錢的人的作法。你可以將成為絆腳石的金錢信念移開，發揮自己能力的極限。希望各位在拓展財務舒適圈的同時，也能成為金錢管理的高手。

你需要自己的金錢標語

　　要改變信念是非常困難的事，因為信念通常是長時間形塑而成的，但並非不可能。如果你已在財務自傳中發現自己的金錢信念，可說已踏出了重要的第一步；若下定決心要拓展財務舒適圈，就能往下一步邁進了。

　　你必須改變藏在內心深處的金錢信念，可以把它想成是更改電腦密碼，但實際上更改金錢信念的難度更高。不如這麼說好了，金錢信念比你想像的更強大，它就像彈性強的彈簧，會不斷地回復原狀。你必須做好打長期戰的心理準備，並提出策略來面對，才能克服挫折、迎向勝利。

你需要新的標語

　　你需要代替既有金錢信念的新思維。你可以完全拋棄既有的金錢信念，並以全新的信念代替，或者也可刪除一部分既有的金錢信念，再創造出「金錢信念改編版」。一次就打破所有金錢信念，再無限拓展財務舒適圈也可行，但執行的可能性較低，且新的金錢信念也並非適用於所有情況。而我們的策略是，在重複修正金錢信念的同時，一點一點地拓展財務舒適圈。

　　我們可以把取代過去金錢信念的新信念稱為「金錢標語」。

　　金錢標語可能是自己深思熟慮挑選出來的，也可能是藉由每天一點點練習而修正而成。先察覺自己遇到跟錢有關的事情時會套用的金錢信念，之後再逐步修正，進而產生新的金錢標語。

只要透過經驗學習，向前邁進就可以了

　　成祿是投資初學者，最近他只要看到當初開戶後就立即買進的股票，心裡就覺得不舒服，因為這些股票讓他蒙受巨大的虧損。這些都是周圍的人推薦他買的，但目前實在很難預期何時會回升。每當看證券公司的App時，成祿心裡不禁重複著根

深蒂固的金錢信念：「股票好難，我跟它根本合不來，我無法透過股票獲利。」

　　無力與不安壓得成祿喘不過氣來。他決定要挑戰自己的金錢信念，他要看看自己的想法究竟是否正確。他整理好心情仔細思考後，察覺自己太過果斷地認定自己是個笨蛋投資者。「我應該能有所改變吧！至少現在不會不做基本分析就買進了。在成為成功投資者的過程中，誰都會犯錯。只要透過經驗學習，向前邁進就可以了。」

　　退一步看之後才發覺，被金錢信念所蒙蔽而自責的期間，著實令人委屈。一想到這裡，剛才腦中充滿的無力跟不安頓時減輕不少。他日後或許仍會因各種錯誤與市場的不確定性而動搖，但不會將自己侷限成「無法藉由股票獲得收益的人」。因為每當遇到這種時候，他就會重新想起這句金錢標語——「只要透過經驗學習，向前邁進就可以了」。

我已經擁有足夠的資源

　　娜娜是「東學螞蟻[7]」。她對自己投資的股票可不是普通

---

7. 意指股市散戶。

地在意，她在投資前因為工作繁忙，經常覺得時間不夠用，最近卻每天都在看股票App。她正持續加碼買進S電子，但並非有計畫地買進，只是因為股價連番下跌，慣而不斷攤平。這也使得投資組合中，股票的比重提高不少，所以讓她更不開心。

突然之間就變成整天看股票的上班族，總覺得心情很差。娜娜對金錢有個信念：「錢必須流汗賺來才是正途，整天看著股票的我好像不怎麼帥氣。」

「流汗工作賺來的錢」表達出勞動的神聖價值。相反的，「非勞動所得」即代表非透過工作賺來的錢，且聽起來不太光明正大。很多人認為透過股票投資賺來的收益，是最具代表性的非勞動所得，好像是坐著也能賺錢似的。但在投資世界中，其實也需要不下於工作的努力，才能獲得成果。

娜娜在投資的同時，仍抱持著「投資收益都是在自己工作崗位上不成功的人追求的東西」的金錢信念。意指是因為職場能力不足，才逃到理財的世界。而事實上呢？

娜娜的職場雖非多采多姿，卻也在大企業中任職。也多虧老實工作，才讓她賺到第一桶金，並將它用在投資。在終身職場、退休保障都消失的年代，在不妨礙正職工作的範圍內，確

保有額外收入來源，並進行資產管理，可說是至關重要。娜娜覺得可讓她盡情發揮研究精神的投資世界頗為有趣。

當你專注於將投資當作一種計畫，並投入到自己身上時，自然會發現自己帥氣的樣貌。因此她決定，比起為目前的收益跟損失跺腳焦急，不如好好察覺自己擁有的資源，並以此為基礎，努力成為更好的自己，且持續在腦海裡想像實現的模樣。

故娜娜整理的金錢標語如下：「我已經擁有足夠的資源，現在就用這份資源帥氣地挑戰吧！」

第4章

自動致富程序第四階段

學會金錢
管理的核心技術

後設認知與風險管理

　　「要了解你自己」，這是刻在古希臘阿波羅神殿玄關柱子上的金句。蘇格拉底將這句話當作自己哲學的出發點，指出了解自己的無知是多麼重要。孔子也對弟子說：「知之為知之，不知為不知，是知也。」

　　若以心理學用語解讀蘇格拉底與孔子強調的事物，即為「後設認知」。所謂的後設認知是指，了解自己是否理解某件事物，並為了理解不懂的部分建立、執行的計畫，進而評估該過程的能力。

　　假設有A跟B兩個學生即將要去考試。A清楚自己知道跟不懂的範圍，並制訂計畫念書，且在學習途中也確認過程進展。

相反的，B只會一直看已經懂的範圍，最後只能在無法消化所有考試內容的狀態下應試。A跟B誰的後設認知比較高呢？當然是A學生，考試成績也會是A比較好。

只努力是不夠的，你需要的是策略。建立策略後，執行的過程中必須避免只看想看的、只聽想聽的這種「確認偏誤」的行為。你必須具備能客觀判斷目前狀況與未來的能力，這就是後設認知。

後設認知除了學習，也適用於人際關係等領域。特別是在金錢管理領域中，若後設認知高，可降低投資失敗的機率。換句話說，就是幫助你管理風險。

何謂風險

英文單字risk一般會翻譯為「風險」，但它其實有更多元的意涵。首先它意指因為不願發生事件而導致的損失（資產價值下跌）。另一方面，投資虧損與利潤並存的情況也被視為風險。當只可能發生虧損時稱作「純損風險」，意外死亡、疾病、失業、火災、賠償責任等的事故皆屬此類。

不過本書將此概念擴張，把妨礙個人金錢管理的原因皆納

入風險的範疇。這是因為在必要時，無現金的流動性風險、過度負債可能造成的負債風險、疏忽稅金及個人信用管理時承受的風險等，都無法輕鬆帶過。

你不可能徹底控制風險，可以的話就稱不上是風險了。如果有人宣稱可以把風險降為「零」，那十之八九是詐騙。所謂的風險，最好在能力所及的範圍內管理。

來探討一下後設認知與財務風險管理的關係吧！若在財務風險管理的後設認知高，則狀態會同下。

第一，正確掌握目前的財務狀態。第二，知道日後必須達成的財務目標。第三，正確掌握該過程中可能發生的風險。第四，會管理風險，並能建立與執行達成該財務目標的策略。第五，會檢視策略執行過程，並適時修正。

並不是吸收愈多理財資訊或有很多錢，就可以有效地管理財務風險。你必須提高後設認知，才能適當管理。

儲蓄是基本中的基本

　　一般人聽到「儲蓄」，大多會有兩種反應：第一個是「我知道儲蓄是必要的，但我沒錢存啊」；第二個則是「靠儲蓄什麼時候可以變有錢人」。接下來我們就試著針對這兩種反應提出反駁吧！

即使如此，仍得儲蓄

　　第一個反應其實是代表人們為了消費而沒有餘力儲蓄。根據韓國銀行調查，2020年韓國的個人淨儲蓄率是11.9％。個人淨儲蓄率是指扣掉稅金跟利息等後可用的所有所得（可支配所得）中，用於消費後剩下的錢的比率。假設稅前所得是100萬韓元，而稅金跟利息為10萬韓元，那麼可支配所得就是90萬韓

個人淨儲蓄率變化趨勢

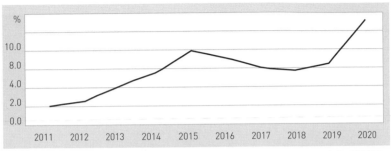

出處：韓國銀行

元。這時，個人淨儲蓄率為11.9％時，等於儲蓄10萬7,100韓元（90萬X11.9％）。

不過這只是平均值，你不能掉入平均的陷阱。實際上，有許多人完全沒儲蓄，或是只債務不斷擴大。這有可能是所得的金額較少，也可能是所得不穩定。

即使個人淨儲蓄率為負，也不代表馬上就完蛋。即使你處於失業或因業績不好，而幾乎沒有所得的狀況下，仍可用持有的金融資產（存款、股票、基金、年金、保險等）來代替，也可申請貸款維持生活。這時能在無本金虧損的情況下，持有能變現的資產最有利，這即是儲蓄大綻光芒的瞬間。

聽起來雖殘酷，但如果你說沒有餘力存錢，我只能回答你

「還是得做」。知道乾旱有多可怕的農夫，即使非急用也會將蓄水池填滿，正是因為他知道，填滿蓄水池的水可在適當的時機拯救農田。

沒有儲蓄的投資是危險的

接下來是回答「靠儲蓄什麼時候可以變有錢人」的時候了。在這個低利息的時代，這種反應再自然不過。在上漲的投資標的、不動產價格面前，儲蓄的利息只顯得寒酸。我同意除了特殊情況外，「光靠儲蓄難以變成有錢人」。但如果光投資而沒有儲蓄，其實是很危險的。在投資的世界，現金占有十分重要的位置。若投資組合裡沒有現金，比一個球隊裡只有前鋒而沒有守門員還來得危險。攻擊力強大的隊伍容易得高分，但獲勝的隊伍大多是防守卓越。而儲蓄即是擔任這種看不見的第一功臣，讓投資更加穩固。

應該要存多少錢？

如果你已經充分了解為什麼要儲蓄，就可以試想到底該存多少錢。你可以應用後設認知，去分析自身所處的情況。

第一，你要存的金額可能根據所得是否固定而有所不同。

一人公司、自由業者等的所得變動性比上班族大很多，業績好時可能一次就賺到幾個月的薪水，沒工作時也可能導致財務狀態急速惡化。因此他們比上班族更需要儲蓄（流動性），建議至少在另外的帳戶裡，預留6個月生活所需的存款。

第二，依單薪家庭或雙薪家庭而有所不同。單薪家庭若所得中斷，會受到相當大的衝擊。假如之前所得是100，等於是瞬間歸零。相對的，雙薪家庭即使減少一個人的所得，影響也不會那麼大。一般會建議雙薪家庭預留3個月、單薪家庭預留6個月的支出金額當存款，較為保險。

第三，如果是在一年內要用的錢，請無條件存起來。其實若考慮到投資市場的變動性，一年可能還太短了。你可以在準備「緊急預備金」之後，將一～三年內要用的錢轉為儲蓄（活存）。雖然待在投資市場愈久，期望收益就愈高，但也代表需承受相對的風險，請務必注意這點。財務管理的目的並非為了更高的報酬率，而在需要資金時，有錢可用。

不用規劃預算

　　看到標題後你可能會想「該不會打錯了吧」！但並非如此，的確不建立預算也無妨。或許有人在聽到這句話後，心情突然放鬆了下來，對於金錢管理的負擔也頓時減少許多。所有理財相關的書籍都強調一定要規劃預算，如果實際上不需要的話，那該有多棒？

規劃預算需要深厚功力

　　如果直接告訴你結論，其實並不是因為不需要預算所以不用規劃。我們仍需要預算，但它並不是必做的事項。規劃預算需要高度的技術跟經驗，才能順利進行。初學者若貿然挑戰，恐怕只會得內傷。

不屈不撓雖為美德，但大部分人會因為受不了而乾脆放棄。相信閱讀本書的讀者中，應該也有人挑戰過規劃預算，卻深受自責與自卑所擾。沒關係，你不是一個人。

　　事實上，即使來到理財中級階段，也有人聽到預算兩字會感到厭煩和呼吸困難，而直接略過（當然閱讀這本書的讀者也有許多理財高手，這些人已經熟悉預算與結算的作業，可直接閱讀之後的章節）。但請各位安心，不用覺得無法建立預算，就代表沒辦法金錢管理。即使你不做預算，還是有很多事情等著你去做。

　　或許仍有人會感到不放心，因此再告知各位一件事實，平常在工作中跟數字打交道的人，像是金融公司或財務團隊員工，甚至是會計師、稅務師等，很多人不會規劃（或無法規劃）個人預算。因為在公司太常接觸數字，導致對數字疲勞了嗎？就像廚師可能不會在家料理。實際上的確有人如此，在職場上連1塊錢都要計較的人，碰到個人財務就瞬間放棄了。他們的原則是「要做就好好做，不然乾脆別碰」，最後預算就直接被拋到腦後了。

　　這並不是因為沒足夠能力處理Excel或記帳App，在公司處理事情很果斷的人，到了規劃個人預算上卻顯得無精打采，

最直接的理由是因為沒人強迫。換句話說，即使不做，也沒人會說你怎樣。

另外一個原因則在於，是自己要追蹤並面對這些數字，所有的結果都會歸因自己，但要接受失敗比成功機率高是很困難的事，即使你做得好，也沒有額外的報酬，因此可能做幾次就不做了。

放上預算的墊腳石

如果一開始就追求完美，反而會變得更困難，你只要放個墊腳石就可以了。若光是聽到預算兩字就覺得害怕，不如先從最簡單的預算開始。

第一個墊腳石是「總額預算」，即是將收入與支出總額計算出來。你不用去想細部項目，只要專注在不讓支出總額超過收入總額即可。

第二個墊腳石是「每月預算」。一般預算會以一年為單位，但若你對預算還一知半解，不如從更小的單位開始。第一個墊腳石「總額預算」如果也直接抓一年，可能會讓人感到一片茫然，進而產生許多錯誤。相對的，若以一個月為單位計算收入、支出有多少，則較為容易。只要參考上個月的薪資、信

用卡明細、自動轉帳明細等，就可以建立較符合現實的預算。

如果覺得每月預算有點麻煩，也可以周為單位。當你熟悉每月預算之後，就可以擴張到每季、每年預算。

第三個墊腳石是「儲蓄預算」。若已放上總額預算與每月預算的墊腳石，就可大致看出錢的流動。在收入範圍內管理支出規模，看起來也不無可能。不過也有人認為這樣無法得知應該要儲蓄多少、是否能儲蓄？假使要儲蓄，最好也建立預算，訂好每天、每週、每月可儲蓄的金額再執行。比起一開始太有野心而訂下過大的金額而失敗，建議先訂較少的金額及較短的期間。

好比說，先從「每週1萬韓元、定存26週」開始吧！26週（6個月）後，你會得到本金26萬韓元跟一點點的利息。重要的不是金額，而是規劃儲蓄預算，並將其成功執行。你累積愈多成功經驗，就會愈來愈不害怕規劃預算，也會意識到曾經茫然的未來逐漸變得清晰透明。

自我財務狀態確認法

　　我們做健康檢查的目的是為了徹底了解身體的狀態，有許多人會透過健康檢查早期發現疾病。醫師總是會建議不要有壓力、要維持好的飲食習慣跟規律運動，才能變得健康。但問題在於，即使知道也不見得做得來。

　　個人的財務狀態也需要定期檢查，畢竟並不是資產增加、所得增加就值得高興，你有可能只是外表看來正常，實際內裡空空如也；或者現在沒什麼問題，卻逐漸暴露在致命的風險之中。你必須事先確認，才能補充不足之處，找到更好的方法。

　　不過有個好消息，健康檢查必須去醫院做，但確認財務狀態，自己就可以進行。儘管可能根據個人財務狀態，要確認的種類或細節會有所差異，不過最有必要的自我確認只需半天就能完成，用Excel或Google試算表更能事半功倍。也不用因為

不善數字而太過害怕。就把它想成是填空，先開始再說。自我確認財務狀態可先製作並分析兩種圖表。

呈現錢流動的現金流量表

各位聽過「現金流量表」嗎？即使第一次聽到也無所謂。就算不知道正確意思，只要知道是現金出入的相關表格即可。這本來是企業會計中使用的一種財務報表，但在觀察個人財務上也相當有用。

現金流量表會記錄一定期間的所得與支出。可能以一週、一個月為單位，但大多會以一年為單位。也就是說，將1月1日到該年12月31日賺的所有錢寫成「所得」明細，並將消費與儲蓄（投資）的錢記錄成「支出」即可。

只要比較總收入跟總支出，就可以一眼得知是否有多餘的錢、現金是否足夠。若總支出比總收入少，顯然是最佳的狀態。不過若剩餘資金過多，就代表尚未設定用途的錢很多。這些錢等於是被留在帳戶裡呼呼大睡，沒有什麼貢獻。然而在大多數的現金流量表上，剩餘資金較少見，倒是很可能會有無法掌握的支出。這部分只要透過持續的財務管理，讓現金流量表儘量符合現實即可。

現金流量表
(2021.1.1.~12.31)

所得		支出	
項目	金額	項目	金額
勞動所得	5,000萬韓元	儲蓄&投資	1,200萬韓元
事業所得		貸款償還	600萬韓元
利息所得		稅金	300萬韓元
股利所得	200萬韓元	生活費	3,000萬韓元
其他所得	300萬韓元	其他	200萬韓元
總收入（A）	5500萬韓元	總支出（B）	5300萬韓元
		超額或不足（A）－（B）	200萬韓元

　　如果覺得以一年為單位製作現金流量表太困難，建議可先以一個月為單位練習，意即將每個月1日到最後一天的所得跟支出記錄下來，這跟寫記帳本差不多。只要將一年的記帳本蒐集起來，就成了現金流量表。由於收入跟支出不會每個月都一樣，因此有些月份可能會有餘錢，並留到下個月份；有些月份則可能因為支出多，而導致錢不夠用。如以一年為單位合計之後，就可以算出現金流量的超額或不足，並掌握年內產生的收入與支出偏差，這樣才能獲得足以建立長期計畫的必要資訊。

製作現金流量表的方法

　　現金流量表是為期一年的記錄，製作上較花時間，這在自我確認上的確挺令人鬱悶的，也讓很多人在開始前就放棄了。難道沒有其他方法了嗎？

　　如果你是上班族，建議可以應用去年的「勞動所得扣繳憑單」。每年年末結算後發放的扣繳憑單，寫有可方便製作現金流量表的相關資訊。如果看扣繳憑單，會發現上面有顯示總薪資跟免稅所得。將其當作所得後，若有每年租賃所得、利息所得、股利所得、其他所得等，再合計在一起。

　　接下來是支出部分。你可以透過年末結算確認核定稅額（所得稅＋地方所得稅），以及已支付的國民年金保險、國民健康保險、勞保等。再合計信用卡與現金收據、保障型保險費、教育費、醫療費、捐贈金等使用的金額，就可大致推測出消費支出額。此外，你也可以確認房屋認購綜合儲蓄、年金儲蓄等，這些可以跟其他儲蓄或投資金額合計後記錄。

　　如上述，即使只是從扣繳憑單上看到的金額，也可在短時間內確認現金流量是否良好。當然，若再加上扣繳憑單上沒有的活定存、儲蓄型保險、基金股票投資金額、各種轉帳金額、

貸款償還額、現金支出等，以總額的角度來看，就能製作出更接近現實的現金流量表。現金流量表的支出項目分得愈細，就愈能做好具體管理。

好比說，如果覺得生活費的範圍太大，可分為伙食費、通訊費、交通費、休閒費、教育費、醫療費等。但並不是說分成很多項就一定好，儘量從各自可管理的程度來決定較佳。

現金流量表確認重點

若要製作現金流量表，可參考以下進行自我診斷。

第一，通常你會先看到所得與支出總額、超額或不足金額。若超額或不足金額為負，就必須努力減少消費支出，將它轉為正值。而總支出比總所得高，即代表資產正在耗損，或負債正在增加等。有時可能因為儲蓄或償還貸款，導致現金流量不足，但這其實跟拆東牆補西牆差不多，最好多加注意。

第二，觀察儲蓄率是否適當。若完全沒儲蓄或跟所得比起來過低，則代表日後財務狀態好轉有限。儲蓄額包含活存、定存、基金、股票買進額、年金、儲蓄型保險等。這裡會排除賣出（回購）或以到期收回的資金再投資等情況。保險中比起年金保險等已繳納的保險費，只會將到期累積金額多的保險納入

儲蓄。終身壽險、癌症保險、實支實付醫療保險等，以保障為目的的保險則會排除在外。

第三，**觀察總負債償還比率是否適當。**不用管貸款種類，而是檢視你用了多少錢償還負債。若負債償還比率過高，當所得減少時，就可能難以應對，因此須注意。

所擁有金錢目前的分數──資產負債表

如果你想以今天為基準，了解自己金錢（資產）的狀態，只要看「資產負債表」就行了。將你擁有的金融資產、不動產、使用資產、負債等記錄下來，就成了資產負債表。可以把它想成企業會計所使用的資產負債表的個人版。

若說現金流量表是一定「期間」的記錄，資產負債表就是特定「時間點」的記錄。但資產負債表與現金流量表緊密相連，因此必須兩者一起製作並觀察，才能做出完整的財務診斷。

製作資產負債表的方法

資產負債表大致可分為資產、負債、淨資產。淨資產是從資產總額扣除負債的值，故製作資產與負債明細後，淨資產就

會呼之欲出。

原則上所有資產與負債金額會以基準日目前市值進行記錄。若為金融資產，假設要解約或賣出，則以預計收到的金額書寫，不動產則可參考實際交易價格。汽車作為一種使用資產，可套用二手銷售價格。

資產負債表
（以2021.12.31為基準）

資產		負債與淨資產	
項目	金額	項目	金額
金融資產	5000萬韓元	擔保貸款	1億5,000萬韓元
不動產	5億韓元	信用貸款	2,000萬韓元
使用資產	2,000萬韓元	其他負債	
其他資產		淨資產	4億韓元
總資產	5億7,000萬韓元	負債與淨資產	5億7,000萬韓元

負債金額是以最初貸款額扣除本金償還額後，用基準日目前剩下的貸款本金標記。除了房屋擔保貸款或全租貸款、負帳戶等每月需付利息的負債外，房客支付的保證金也需包含在負債中。若信用卡有結帳（分期款）餘額，也應將其納入負債。

資產負債表確認重點

為了建立財富自由、健康的財務狀況，你必須正確掌握自

錢財的目前的財務狀態、負債是多少、該比率是否適當等。為此，製作資產負債表會非常有幫助。製作資產負債表，必須確實掌握以下三項重點。

第一，負債的適當性。過度的負債會為財務管理帶來極大的負擔。除了每月支出的貸款本金與利息，若資產價格下跌，就可能造成嚴重影響。因此，有必要確認負債比率是否處於適當水準以下，並適時管理。

第二，淨資產的增減。如果定期製作資產負債表，就可以了解淨資產的變化。淨資產的數字可簡潔地呈現個人財務狀態，若淨資產持續增加，就代表財務穩定的可能性高。雖然一般會認為資產愈多愈有錢，但要記得，將各種負債扣除後的淨資產才是真實的數字。

第三，各資產比重現況。來觀察一下總資產中金融資產的比重吧！房屋相關資產（居住房屋、全租保證金）的比重會較高，但若金融資產比重在10％以下，就必須注意了。將金融資產區分成現金（活存或定存）、債券、股票等時，請確認一下特定資產的比重是否過高。也就是說，假使你「將雞蛋都放在同一個籃子」，最好能分散風險。

我們不能將適當比率套用在所有狀況，不過你可參考祥明大學教授楊世正研究團隊發表的《韓國財務比率方針建議》與自己的財務狀態相比較。

指標		財務比率	財務比率方針	建議年齡層
家計指數指標		$\dfrac{總支出}{總所得}$	70%以下	20幾歲：50% 30幾歲：70% 40幾歲：80% 50幾歲：90% 65幾歲以上：95%
急用資金指標		$\dfrac{流動性資產}{總所得}$	4～6倍	20幾歲：2倍 30幾歲：3倍 40幾歲：4倍 50幾歲：5倍 65幾歲以上：6倍

負債指標

	指標	財務比率	財務比率方針	建議年齡層
現金流動	總負債償還指標	$\dfrac{總負債償還額}{總所得}$	30%以下	30～40幾歲：未滿25% 65歲以上：0%
	消費生活負債償還指標	$\dfrac{消費生活負債償還額}{總所得}$	10%以下	20幾歲：5% 30幾歲：8% 40～50幾歲：10%
	居住房屋處理負債償還指標	$\dfrac{居住房屋處理負債償還額}{總所得}$	20%以下	
資產負債狀態	總負債負擔指標	$\dfrac{總負債}{總所得}$	40%以下	
	居住房屋處理負債負擔指標	$\dfrac{居住房屋處理負債餘額}{總資產}$	30%以下	
保障型保險準備指標		$\dfrac{保障型保險費}{總資產}$	8～10%	

儲蓄與投資趨勢指標

現金流動	總儲蓄趨勢指標	總儲蓄 ─── 總所得	30%以上	20幾歲：50% 30幾歲：30% 40幾歲：20% 50幾歲：10% 65幾歲以上：5%
	金融投資趨勢指標	金融投資儲蓄 ─── 總儲蓄	30%以上	20幾歲：50% 30幾歲：40% 40幾歲：30% 50幾歲：20%
	退休儲蓄指標	退休儲蓄 ─── 總儲蓄	50%以上	
資產負債狀態	金融資產比重指標	金融資產 ─── 總資產	40%以上	

資料來源：《韓國財務比率方針建議》

推測生涯財務狀態

　　我們可透過現金流量表與資產負債表來診斷財務狀態，也可使用日新月異的金融App，了解起來更輕鬆。如果你到目前仍未做過這樣的課題，或許這是你用不同觀點檢視自我財務的契機。

　　不過這樣的財務狀態診斷是有限制的，因為無法明確顯示所得來源。你可能會疑惑，明明現金流量表記錄了勞動、事業、利息、股利所得等，為什麼說沒有明確標示所得來源呢？若從工作賺錢或透過金融資產管理賺錢等角度來看是對的，但若再往上一個階段來看時，就會發現還有更根本性的要素存在。

你是否擁有可持續的所得來源

我們在學校學過,生產的三要素為「土地」、「勞動」、「資本」。由於生產會連結所得,因此我們也可將土地、勞動、資本理解為「所得來源」。勞動所得表面上是由公司支付,但「自己的勞動力」其實才是所得的來源,因此即使失業,只要有購買自己勞動力的對象,就不會是什麼大問題。

資產負債表上標示的資產中,價格上漲或固定創造所得的資產,與價格下跌或製造虧損的資產,性質會不盡相同。好比說,不動產中產生租賃所得的店面或房屋,屬於有資產價值的不動產,但幾乎無開發可能性的偏僻林地,則只算得上是會產生費用的惱人事物。你必須能區分哪些是可幫自己「工作的資產」,哪些是只會坐著「玩的資產」。

「來源」意指流水的根源。如果身邊就有不斷冒出的泉水,自然不用擔心水的問題。例如最近「斜槓」議題很夯,我們可將之看作是努力尋求各種所得來源的一環。

你的人力資本是多少

工作沒多久的20～30歲族群的所得與資產規模，大多會比50～60歲族群少；但若比較「將來賺的所得總量」，前者會壓倒性地超越後者，這就叫做「人力資本」。人力資本除了將來所得之外，同時包含知識、技術、經驗、名聲、人脈等，也可看成尚未換算成金錢的資本。

人力資本會隨著時間經過轉換成「財務資本」。投資領域的世界級大師、耶魯大學教授羅傑·伊伯森（Roger Ibbotson）用下頁圖表表達。

看整體生平時，年輕時人力資本高，而財務資本低。隨著年齡增長，人力資本會逐漸減少，而財務資本積累向上。同時，合計人力資本與財務資本的概念——「財富總量」也顯示增加的趨勢。

現實世界中，人力資本與財務資本的軌跡，會隨著個人而有所不同，故發掘自己潛在的人力資本並有效開發是很重要的。你必須讓人力資本在轉換成財務資本的過程中發揮更多附加價值。此外也需注意取得、持有和賣出等過程，讓財務資本充分發揮所得來源的功能。

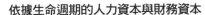

依據生命週期的人力資本與財務資本

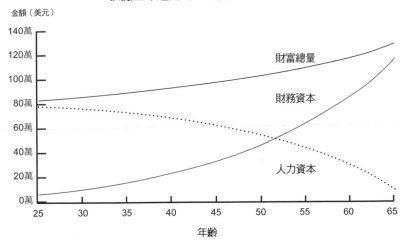

你有多少錢要用在未來

　　所得來源的相反即是用在未來的支出，這種支出並非日常支出，而是必須歷經長時間準備才能使用，最具代表性的如房屋資金、退休金等，以及子女教育和結婚資金等。

　　未來支出換句話說就是「財務目標」。若以達成為前提，就需要設立五種目標。我們稱為「SMART目標設定」。目標必須具體（Specific）、可測量（Measurable）、可達成（Achievable）、符合人生方向（Relevant）、設定期限（Time-bound），才能真正稱得上是設立目標。

如果將房屋資金設定為財務目標，製作的方式如下。

「我在五年後會以目前社區大樓保證金5億韓元、儲蓄與股票1億韓元及5年的儲蓄額1億韓元、貸款2億韓元，購買A社區大樓。A社區大樓是符合我生活方式的居住地點，貸款償還額也不超過所得的20％，因此算游刃有餘。」

生活並不全然會按照你的計畫走，但「設立目標後持續實踐」與「隨著當下狀況做決定」之間卻存在差異。即使沒有達成當初設立的目標或與預想不同，仍可實踐「接近目標的結果」或「計畫B」。

製作生平的資產負債表

來觀察一下到目前為止的財務狀態、所得來源及未來支出吧！定期更新目前的財務狀態，將對財務管理大有助益。但你必須再往前一步，理解各要素緊密相連的結構，並畫下未來藍圖，才能讓金錢幫助你過上想要的生活。

你得冷靜分析截至目前為止累績的結果，即財務狀態，並發掘出潛在的資產——人力資本，同時以附加價值高的資產為主，去構成財富的總量。此外，若能設定符合人生方向的財務

目標，並做出「生平資產負債表」，用以建立實踐的策略，就能賦予自己動機，獲得向前邁進的力量跟點子。

生平資產負債表

生平財務狀態					
所得來源	目前財務狀態				未來支出
	資產	現金流		負債	
		所得	支出		
人力資本	金融資產	勞動所得	儲蓄與投資	擔保貸款	房屋資金
金融資本	不動產	事業所得	固定支出	信用貸款	退休資金
	使用資金	金融所得	變動支出	其他負債	
不動產	·	·	·	·	贈與
	·		·	·	
	·				

幫助管理風險的保險

保險是很困難的金融商品，而韓國最多人擁有的金融商品正是保險，即使複雜又令人忌諱，卻仍有許多人持有。保險到底為什麼這麼困難？理由如下。

第一個，保險並不像儲蓄或投資商品一樣，是以收益為目的而加入（保險中也有以收益為目的的儲蓄型保險，但這裡探討的主要是以賠償損失為目的的保障型保險）。「我在○○年內死亡的機率是多少」、「我如果罹癌會發生什麼事」，有時我們會面臨這些令人忌諱卻又無法忽略的問題，沒有多少人可以確定「我絕對不會發生這種事」。

保險是以在不確定的機率中獲得損失賠償為目的而加入的。如果什麼事也沒發生，保險費就只會變成一筆消失的錢。但也不能說發生了事故而獲得保額是一件幸福的事，也因此使得人們認為，除非逼不得已，否則不想花錢買保險。

　　第二，保險加入期間長，讓人難以選擇。期間長代表變數多，也意味著不好預測。同時，從消費者的立場來看，需要支付的費用非常大。假設你在20年間每個月繳交10萬韓元的保險費，就表示這是一筆2,400萬韓元的契約。如果中途解約，拿回來的金額較少，就會有虧損的感覺。

　　第三，艱澀複雜的保險用語會讓人放棄理解。在聽保險員說明的當下似乎懂了，但一轉頭又變得似懂非懂。即使看了條款也仍無法理解箇中涵義，也不太可能一一了解所有款項之後再投保，因此只好相信「會這樣設計應該都有原因吧」。也會有人要求跟其他人獲得一樣的賠償，因此紛爭也不少。金融監督院內金融消費者申訴最多的也是保險，因為對保險商品的期待不符而產生的紛爭占大多數。

　　在金融的世界中，信任是最被崇尚的價值。金融界必須先努力獲得消費者的信任。但你要記得，買進金融商品的最終責任，都在於購買者本身。

最常持有的金融商品

韓國的壽險家戶加入率曾接近90％，但近期已大幅跌至81％（2021年壽險協會統計）；如果加入意外險，幾乎可說沒有一個家庭是沒有保險的。除了極度討厭保險或無法加保的人之外，大部分人都有一個以上的保險。

保險絕大多是被說服加入的，消費者自發性加入的比率比其他金融商品來得低，這是因為人們大多很忌諱潛在性的風險。死亡、事故、疾病等都是不好討論的主題，也不是生活中經常接觸到的事情，假使因為周遭的人發生意外，讓人想起保險的必要性，也很常隨著時間過去就忘了。

保險業者與一般人對於潛在性風險的觀點差異極大，保險公司與保險員銷售保險商品的同時，會接觸到更多相關的資訊。藉由支付保險金的經驗，也更加意識到保險的必要性。由於經歷較多、了解較多，對風險的警覺性會較高。相對的，一般人對潛在性風險的認知較低，因此才讓複雜且困難的保險，又產生資訊不平衡、認知不平衡等問題。

人們重複著相信銷售員而加入保險，之後再解除契約的過程，而且對於潛在性風險經常處於幾乎無防備的狀態。故徹底

了解保險並妥善應用，可說是至關重要。

保險為必要時

保險的起源有各種說法。西元前1750年的漢摩拉比法典即有類似保險的概念，也有一說法指出，保險是為了降低從事海上貿易的船員與投資者，遭受風浪、翻船、海盜等意外災害所蒙受的損失。

此外還有一種較可靠的說法與教會有關。蘇格蘭的長老教牧師韋伯斯特與華萊士，看到離世的牧師配偶與子女生活都陷入困境後，便苦思解決辦法。他們在1744年創立生命保護基金，並將牧師一部分的收入投入至該基金，如果有某個牧師死亡，他的家人可以從基金的收益中獲取股利，以維持生計。

基金的管理核心在於「機率」與「統計」。必須預計每年有多少牧師死亡、留下多少家人、配偶比丈夫多存活幾年等。韋伯斯特與華萊士接受愛丁堡大學的數學教授馬克勞林協助，計算出加入基金的牧師必須繳交的金額（保費）及家人收到的金額（保額）。

機率與損失費用的關係

A 高機率、低損失費用	B 高機率、高損失費用
C 低機率、低損失費用	D 低機率、高損失費用

今日的保險也大同小異。保險公司會以大量資料為基礎創造商品，並決定保費跟保額，而投保者會將無法自行負擔潛在風險的經濟損失轉嫁給保險公司。也就是說，雖然發生機率低，但發生時無法負擔費用的重大風險，即為保險的理賠範圍。

事故發生機率跟損失費用的關係可以分為四種。損失不大時（A與C範圍），一邊留心、一邊管理風險即可。好比說，經常小感冒去看醫生，但費用不會高到哪裡去，即使沒有保險，也不會造成太大的問題，不需要為了應對這種風險而加入保險。

那麼落在D範圍該如何？發生機率低，但發生時會造成相當大的衝擊。意外死亡、重大疾病、火災等最具代表性，因此用保險來應對這些狀況是合理的。

最後，落在B範圍該如何呢？它的發生頻率高、損失規模

也高。硬要舉例的話，就是像在戰爭中死亡或受傷等，在這種情況下，保險公司幾乎不會推出商品，即使推出，保險費也很高，應該也不會有人加入。實際上，大部分的保險也不會補償戰爭或天災帶來的事故。

考慮加入保險時，你最先要做的事情，就是確認自己身處前述四種狀況中的哪一種。當然，統計的機率跟真實發生的機率不一定一樣。若看2019年癌症發病率統計，癌症發病者為韓國整體人口的4.2％，而4.2％的發病率有人覺得低，有人覺得高。而你必須衡量的是，如果發生在自己身上，你是否有能力負擔醫療費。若持有的資產可支應，就不一定需要保險；另一方面，如果是沒有能力負擔醫療費而加入保險，但需負擔的保險費用若過高，就可能讓生活大受影響。最終你必須要搞清楚的是，你能負擔的保險費水準為何，以及可能在何時會面對哪些風險。

加入保險的正確順序

目前銷售中的保障型保險，「實支實付醫療保險」是最有保障的保險。如果你沒有保險，可以先考入加入此種。雖然每次變更，保險費都會增加，但考慮到CP值的話，除了高齡者，幾乎所有年齡層都受惠。

接下來可考慮加入的是保障「實支實付醫療保險」不包含的醫療費、看護費、生活費等保險。如果需要長時間、高費用治療的傷病，會面臨高醫療費用與所得中斷的風險。你可以透過可支付重大疾病診斷費用、後遺症診斷費用等保險來應對風險。

　　若須顧慮家人生計，可利用終身壽險或定期保險等來應對死亡風險；假設房屋發生火災或有賠償責任，就可能產生難以負擔的費用，即使社區管理費包含火災保險，也必須先確認該補償範圍跟金額是否適當。畢竟有時可能只有最低火災補償，導致事故發生後讓生活陷入窘境。

　　最後，建議不用太執著到期退還保費，而應考量保障型保險的「不可儲存性」（編按：指消費者購買「服務」後，並沒有實質擁有該服務產品；「服務」這項產品在交易完成後即消失）再加入，這樣每個月的保險負擔才會較小。加入保險後不要中途解約，而是繼續維持，對投保者才有利。保險就是需要如此慎重又仔細衡量的金融商品。

負債風險管理法

「負債也是資產。」

有人聽到這句話後會跟著點頭，也有人認為不要有負債才是好的，兩邊都有道理。這端看你認為可利用負債獲得更多的機會，還是會帶來更大的風險。而負債風險帶來的機會跟風險很顯而易見。

何謂負債

企業會計分「負債」（Liability）與「債務」（Debt）。Liability有「責任、義務」之意，而在企業會計中，負債除了貸款外，員工薪資、退休金等公司需履行的財務義務都包含在

內。而相對負債來說，債務就屬較為狹義的概念。貸款、分期都是頗具代表性的債務例子。

你不需要將嚴格的企業會計標準套用在個人財務上。從風險管理的角度來看，使用具廣泛概念的「負債」較為適合，因為個人的金錢管理除了貸款償還外，需要履行的責任跟義務都很重要。

好的負債 vs 不良負債

負債也分成好的負債跟不良負債。該如何區分？如同通過三稜鏡的光，負債也存在多種形態與故事。彩虹中的紅色跟橘色之間的界限模糊，但紅色跟紫色的差異卻很明確。那麼，是否利息低就是好的負債，高的話就是不良負債？儘管利息是影響負債的重要因素，但我們可以從更基本的層次上去探討，區分好的負債與不良負債。

第一，為購買資產而產生的負債，極有可能是好的負債。好比說，為了買房子而申請的房屋抵押貸款，大致上算好的負債，因為它可實現居住目的，並帶動資產價值上升，有需求支撐地區的房價長期來說可望成長。由於交易費用高，所以不要在房價上漲後立刻將房子賣掉，下跌時也建議繼續居住。

不過，雖同樣是資產，但為了投資股票而申請的融資其實已接近不良負債了。用於股票投資的融資到期日短，利息也高。運氣好股票獲利時，融資能比光靠自身資本投資創造更高的收益；若短期間沒辦法獲利，就會放大虧損。

汽車分期呢？你可能會認為，汽車也算使用資產之一，所以應該沒關係，實則不然。理由很簡單，汽車從購買的瞬間開始，價格就開始掉了。這並不是說買車是錯誤的決定，但從資產管理的角度來看，汽車是每年價值都會下跌的資產。

第二，可創造未來收入的負債可能是好的負債，學貸之類的貸款都屬於此類。生產的三要素為土地、勞動、資本。對於沒有可繼承資產的人來說，只能靠勞動力創造資產。如果說有提高自我勞動價值的方法，果斷投資就是一種。當然這也伴隨著風險，有可能無法符合你的期待，因此必須慎重。

第三，消費的負債極可能是不良負債。信用卡的使用額某種程度上算是消費負債，畢竟你並不是以目前持有的現金進行消費。然而，若是能在下個月的結帳日全數償還，就可從此類排除。

真正的問題在於，無法於下個月結帳日全數償還的卡費。

簡單來說，非「一次付清」的信用卡費，就可以看作是不良負債。有人可能會覺得這樣是不是忽略了「零利率分期」的效果。從數學上來說，使用零利率分期有時是有利的，但說實在話，為什麼要分期？不正是因為無法一次付清信用卡費嗎？

況且，以這種方式的消費是沒有資產價值的。假設你在高級餐廳吃了很貴的一餐，這件事情本身雖然有意義，但對你的資產卻沒有任何助益。如果這些消費還動用貸款的話，更是不應該的支出。

第四，如果是妨礙日常生活的負債，就是不良負債。負債有所謂必須支付的責任跟義務。就是說，你在履行該責任跟義務時，不能有任何阻礙。即使是為了取得可在未來上漲資產造成的負債，也可能根據程度不同而成為不良負債。從負債產生的瞬間開始，就伴隨著利息跟本金償還的責任。

申請貸款講究能力，但能否償還就關乎實力了。省吃儉用也有限度。即便你用「零湊貸款」成功買了房子，你之後的生活才是重點。你必須慎重考慮，若是為了貸款而必須放棄所有日常中的小確幸，你願意嗎？是否可以負擔利息上漲？可以撐到什麼時候？會不會錯過了真正重要的東西？

模擬負債風險管理

　　確認貸款金額、償還期間、償還方法、利率條件、每月償還額、有無提前償還手續費等貸款條件，是你負債風險管理的第一步。你必須衡量貸款條件變動的可能性。

　　固定利率貸款與機動利率貸款，幾乎可看作完全不同的貸款。一般來說，機動利率貸款的利率會比固定利率貸款還低。若是考慮必須馬上負擔的利息，機動利率貸款較有利。若日後利息上漲的話怎麼辦？下跌的話呢？計算起來會變得更複雜。畢竟連經濟專家也難以預測正確的利率走向。

　　而這可能根據你決定負擔哪種風險而有不同選擇，如果不想負擔將來利息上漲的風險，選擇固定利率貸款是較為適合的。若你認為可以負擔目前銀行的利率，完全不在乎利息變動風險的話，就選擇固定利率貸款吧！另一方面，若覺得固定利率貸款的貸款利息負擔較大，或預計日後利息會降低時，就可選擇機動利率貸款。但請記得，若利息與預測不同而上漲，負擔就可能加重。

　　假如貸款利息從每年3％升至4％，雖然僅上升1個百分點，但這代表貸款利率上漲了33％，等於每月的貸款利息從

100萬韓元漲到133萬韓元。機動利率貸款的優點是當下負擔的貸款利息較低，但有利率變動的風險。

為了管理負債風險，若要借錢，就必須先了解自己的經濟狀況、可以承擔多少負債等，並進行模擬。如果是社會新鮮人，就有可能仍處於所得低、支出也不多的時期。這時如果申請房屋抵押貸款之類的長期貸款，可說是相當「冒險」。而償還貸款在整體支出中占的比重也會非常高。

然而狀況會隨著時間改變，你的所得可能會增加，也可能因為結婚而變成雙薪家庭，也可能產生現在沒有的支出。第一次貸款也許令你十分害怕，所以有必要謹慎考慮自己的經濟能力。盲目貸款或許會產生問題，但過度低估自己的財務能力，有時也可能錯失良機。

要了解才能減少的稅金風險

「這個世界上沒有比死亡和稅金更確定的東西了。」

這是美國科學家兼政治家班傑明・富蘭克林（Benjamin Franklin）說過的話。這句話直截了當地點出，稅金對於組成社會並在其中生存的我們來說有何意義。

稅金是金錢管理中不容忽視的風險。特別是當你所得與資產愈多，影響就愈大。不過有一點很明確，若你不繳稅金，那絕對只會帶來反效果。

稅金就像一種遊戲規則，只要好好了解規則並應用，就能獲得好的成果。「有所得的地方就要繳稅」可謂真理，不過在核定所得的稅金前，會先套用稅法。即使是年薪相同的上班

族，也可能因套用的稅法不同，而使年末結算後稅金不同。

稅務十分複雜，有時可能還需要請稅務顧問來幫忙解決稅金相關問題。然而，大部分的稅金風險其實只要稍微用心，就可以為你帶來更多的效益。

要繳什麼稅金

在韓國，假如你在便利商店買便當，其實你在那瞬間就繳了稅金，這是因為產品或服務價格包含了「增值稅」。增值稅會跟結帳的金額一起被店家收走後，再繳納給國家。這樣的稅金稱作「間接稅」。也因此，即使是沒有所得的人，其實也正在繳交增值稅等間接稅。雖然減少消費可以減少繳交間接稅，但這並非稅金風險的核心。

稅法中個人課稅包括綜合所得稅、取得稅、財產稅、綜合不動產稅、轉讓所得稅、退休所得稅、遺產稅、贈與稅等，相當多元。拿到月薪之後要繳所得稅，買房子或汽車要繳取得稅，持有不動產期間還會被課財產稅，賣不動產或金融資產產生利潤時也要被收轉讓所得稅，甚至退休金也要繳稅，從父母那繼承財產更需繳交遺產稅或贈與稅，說我們所有的經濟活動都伴隨著稅金也不為過。

比起繳稅前的前所得（稅前所得），繳納稅金後的所得

（稅後所得）更為重要。在建立財務計畫時，一定要仔細確認稅後所得。根據你應對稅金風險的方法不同，結果也會大相逕庭。

了解綜合所得稅

上班族每年都要年末結算，一人公司或自由業者則會申報綜合所得稅。年末結算及綜合所得稅申報，主要是國稅局為了方便行程安排而進行的區分，本質上相同。這些程序都是為了確認及繳交個人在過去一年獲取所得的稅金。

綜合所得稅申報對象所得總共有六種。每年1月1日到12月31日會產生利息所得、股利所得、事業所得、勞動所得、年金所得、其他所得等，將這些所得合計後課的稅即為「綜合所得稅」。

只不過，一年內的利息所得與股利所得合計後在2000萬韓元以下時，金融公司會代扣代繳15.4％，且不會合計至綜合所得。轉讓所得與退休所得也不會合計在綜合所得中，而是另外繳交。贈與跟遺產所得也是一樣。

上班族可在每年5月自己申報綜合所得，但大部分的上班族除了勞動所得外沒有其他所得，因此會以年末結算申報綜合

綜合所得稅計算過程（韓國）

所得稅作結。如果勞動所得之外還有事業所得、年金所得，或是一定金額以上的利息所得、股利所得、其他所得的話，就必須另外申報綜合所得稅。

　　節稅的核心在於「抵免」。因為課稅時並不是針對所得整體課稅，而是將稅法訂定的項目刪除後再設定稅金。當然，享愈多抵免就可以省愈多稅金。

　　在計算綜合所得稅的過程中，「所得抵免」與「稅收抵免」都是納稅人特別要注意的部分。幾乎沒有人會為了繳少一點稅而減少自己的收入。而稅率也是根據稅法而定，並不是我們可以左右的範圍。故最終在年末結算或申報綜合所得稅時，就得看享有多少所得抵免與稅收抵免，來決定最終繳交的稅金（核定稅額）。

　　從總所得中扣掉所得抵免後的金額為稅基，韓國套用的是綜合所得稅累進稅率制，稅基愈高，則套用愈高的稅率。

綜合所得稅率（2022年目前）

稅基	所得稅率	地方所得稅率	合計稅率
0～1200萬韓元以下	6%	0.6%	6.6%
1,200萬韓元以上～4,600萬韓元	15%	1.5%	16.5%
4,600萬韓元以上～8,800萬韓元	24%	2.4%	26.4%
8,800萬韓元以上～1億5,000萬韓元	35%	3.5%	38.5%
1億5,000萬韓元以上～3億韓元	38%	3.8%	41.8%
3億韓元以上～5億韓元	40%	4.0%	44.0%
5億韓元以上～10億韓元	42%	4.2%	46.2%
10億韓元以上	45%	4.5%	49.5%

　　所得稅根據稅基可套用6％～45％的稅率，並同時課所得稅1／10的地方所得稅。好比說，假如稅基是3,000萬韓元，則到1,200萬韓元的合計稅率是6.6％，而超過1,200萬韓元金額的1,800萬韓元，則套用16.5％的稅率，並以此計算稅額。這可根據稅基的門檻效應，防止稅金負擔過重。

稅基3,000萬韓元的計算稅額

（1,200萬韓元 x 6.6％）＋（1,800萬韓元 x 16.5％）＝ 376萬2,000韓元

　　在計算稅額中扣掉稅收抵免與稅收減免後，就會產生核定稅額，即是針對去年一年的綜合所得所需繳交的最終稅金。上班族每月收到薪資時，公司內都有代扣代繳的稅金。這個稅金

因為已經支付，所以稱為「已繳納稅額」。而年末結算後收到退款或額外繳交的稅金則是「已繳納稅額」與「核定稅額」的差額。換句話說，如果核定稅額比已繳納稅額少的話，就表示你多繳交了稅金，會再收到該差額的退款；相反的，若核定稅額比已繳納稅額多的話，即表示年末結算後，你需再多繳該差額的稅金。

一人公司或自由業者計算綜合所得稅的過程也相同，但可能根據收入金額（銷售額）與行業不同，中間必要的費用也不一樣。此外，套用的所得抵免與稅收抵免的內容，有一部分會與上班族相異。

綜合所得稅節稅法

如果希望年末結算或綜合所得申報時減少稅金，就必須盡可能獲得抵免。不過大部分的抵免項目都與支出費用相關，像是社會保險費、房屋相關貸款利息、信用卡使用額、保險費、教育費、醫療費、月租費、捐款等花費中，有一部分會提供抵免。沒有任何節稅會超出支出的金額，好比說假設花了100萬韓元，你累積的資產不到該金額，節稅效果也只會在100萬韓元以下。

然而，有三種方法可在作為資產累積的同時，也達到節稅效果。即房屋認購綜合儲蓄、年金儲蓄、IRP（個人型退休帳戶），這些都是可以達到儲蓄與節稅的方法。

房屋認購綜合儲蓄

每年撥入房屋認購綜合儲蓄（認購帳戶）金額的40％可享所得抵免。抵免對象限額為240萬韓元，因此最多可給到96萬韓元（240萬韓元×40％）的所得抵免。只不過你必須符合四種條件，才可獲得抵免。

房屋認購綜合儲蓄所得抵免條件

1. 勞動所得者（上班族）
2. 無房屋者
3. 戶長
4. 總所得7,000萬韓元以下

年金儲蓄

年金商品大致可分為年末結算或綜合所得稅申報時可享稅收抵免的「年金儲蓄」，以及不能享稅收抵免的「年金保險」。簡單說，就是商品名稱有「年金儲蓄」等字，即是有稅收抵免的年金。年金儲蓄根據加入的金融公司而異，又可分為年金儲蓄保險、年金儲蓄基金、年金儲蓄信託等。各管理方式與條件不同，但稅制優惠都一樣。

年金儲蓄若與IRP合計，則一年可能繳納1,800萬韓元，其中年金儲蓄繳納額上限是400萬韓元，因此可享13.2％（包含地方所得稅）或

年金儲蓄節稅效果（目前適用）

總薪資 （綜合所得金額）	稅收抵免率 （包含地方稅）	稅收抵免適 用限度	最大稅收抵免額
5,500萬韓元以下 （4,000萬韓元）	16.5%	每年400萬 韓元	66萬韓元
1億2,000萬韓元以下 （1億韓元）	13.2%		52萬8,000韓元
超過1億2,000萬韓元 （超過1億韓元）	13.2%	每年300萬 韓元	39萬6,000韓元

年金儲蓄節稅效果（2022年稅制改編）

總薪資（綜合所得金額）	總薪資 （綜合所得金額）	總薪資 （綜合所得金額）	總薪資 （綜合所得金額）
5,500萬韓元以下（4,500萬 元以下）	16.5%	每年600萬韓元	99萬韓元
超過5,500萬韓元（超過4,500 萬韓元）	13.2%		79萬2,000韓元

16.5％的稅收抵免。若繳納100萬韓元，則可省下13萬2,000韓元或16萬5,000韓元的稅金。

　　總薪資在5,500萬韓元以下的勞工，或綜合所得金額在4,000萬韓元以下的人享16.5％，超過的則享13.2％的稅收抵免。也就是說，所得少的人可享有更多的節稅優惠。

IRP（個人型退休帳戶）

　　IRP（Individual Retirement Pension）也是一種退休金。它本是為了拿到公司給的退休金後，可將其提出作為年金利用

的帳戶，但除了公司給的退休金之外，自己本人也能額外繳納。沒有退休金的一人公司、自由業者也可加入。

稅制優惠和條款與年金儲蓄相同，但如果連IRP一起算，則稅收抵免對象限額會提高到700萬韓元。也就是說，你會成為「年金儲蓄400萬韓元＋IRP 300萬韓元＝700萬韓元」的稅收抵免對象。你也可能單獨以IRP成為700萬韓元的稅收抵免對象。但考慮到資產管理的多元性，比起只用IRP去填補稅收抵免，加入年金儲蓄會比較有利。

> **2022稅制改編（2022.7.21.發表）**
>
> 年金帳戶的稅收抵免對象繳納限額擴大到900萬韓元
> IRP單獨900萬韓元 或 IRP 300萬韓元＋
> 年金儲蓄600萬韓元

稅金愈晚繳交愈有利

稅金愈晚交愈好。當然，你一定得在期限內繳交該繳的稅金，否則會被課附加稅，導致巨大損失。然而，有時當你產生收益時，不見得需要立即繳款。根據稅法，日後再繳交也是可以的，這叫做「遞延所得稅」。如果稅金沒有立刻從獲利金額中被扣除，代表複利效果也會增加。如果想看到利滾利的效果，稅金愈晚交出去愈好。

年金儲蓄與IRP是最具代表性的遞延所得稅金融商品。你可在提出年金前延遲課稅，這樣更能得到提高年金的機會。在研究金融商品時，你必須探討課稅方式、稅率及時機等，才能減少稅金風險。

忽略將招來大麻煩的個人信用管理

在人際關係中，我們可能會說「那個人值得信任」、「他不管發生什麼事都會遵守約定」等評語來評估他人，但你不會單靠第一印象而下此判斷。大多需要長時間、經歷各種事情後，才會有此結論。當然，同一人物可能會有不同的評價。不過若是在特定領域，或是綜合了各方說法的話，某種程度上會一致。

生活中可能會有需要跟銀行、保險公司、證券公司等金融公司借錢的時候，這時金融公司主要會問以下核心問題。

「你順利還錢的機率是多少？」

他們不會直接問貸款申請人這種問題，即使問了，得到的答案應該都一樣吧？借錢的人一定會說，自己會在約定好的期間內歸還本金跟利息。

金融公司會以每個人的「信用分數」決定是否貸款、貸款金額、利息等條件。信用分數愈高，就愈能以好的條件借到錢。也就是說，你可以用更低的利息借到更多的錢。相反的，信用分數愈低，愈可能貸不了款，可貸款的金額會變低，也必須負擔更高的利息。

如果你在百貨公司跟別人買一樣的包包，別人付100萬韓元，而你卻要付110萬韓元，你會覺得如何？當然會強烈抗議吧？搞不好還會去投訴消基會，或是直接在社群發起拒買運動。但若是借同樣的錢，貸款利息不同，則不會產生任何問題，這是因為其中納入了「信用」的概念。

信用評估公司的評估標準

個人的信用評估主要會由聯合徵信中心來做。聯徵中心除了銀行、信用卡公司、保險公司、儲蓄銀行，也會蒐集公共機關等的信用交易明細、信用資訊等，再根據自己的評估模型產出信用分數。上述產出的資訊會再提供給信用資訊利用者（金融公司等），方便他們應用在貸款上。

例如，如果有個體戶前往A銀行貸款，A銀行就可以透過聯徵中心的資訊，參考該個體戶的其他公司貸款資訊、卡片交易相關情報等。若在該過程中發現與其他金融公司的交易內有貸款限度滿額或延遲等紀錄時，A銀行就可能拒絕貸款申請。

即使是現在這個時間點，每個人的信用資訊也在持續累積。而這樣的趨勢在未來會進展得更快。平常即使沒有好好管理信用，也不會有立即的大麻煩發生；但太晚處理的話，就有可能付出龐大代價。

個人信用風險管理法

在人際關係中要累積信用非常難，但信用破滅卻只需一瞬間。錢的信用也是如此，提高信用分數很難，不過要下滑卻十分容易。

當你要管理信用時，比起完全沒有參考資料，有資料在手較為有利；比起完全沒有貸款，固定償還適當的貸款較好；比起沒有信用卡，要有信用記錄才能在信用方面有評估的依據。

但有個記錄一定要避免——「延遲」，即使是小額，也絕對是大忌。

除了貸款，你也不能延誤支付信用卡費用、通訊費用、公用事業費用等。通常從結帳日算起超過五個工作天就算延遲，須注意不要因為小額就延宕支付。如果產生延遲，就必須在最短十日內完成繳費，而若有多件延遲，則建議從較久遠的開始償還，順序才正確。

個人信用管理10戒律

1. 透過網路、電話貸款時請慎重考慮。
2. 請持續累積健全的信用交易紀錄。
3. 請考慮歸還的能力，再設立適當的債務規模。
4. 請選定好主要交易的金融公司。
5. 請儘量避免為他人的貸款做擔保。
6. 每週要結帳的費用請使用自動轉帳。
7. 聯絡方式若有變，一定要通知金融公司。
8. 即使是小額延遲也絕不容許。
9. 償還延遲費用時，從較久遠的部分開始。
10. 請經常確認自己的信用資訊現況。

出處：金融監督院

第5章

自動致富程序第五階段

理解投資
成功結構

用投資實現財富自由

即使你完全同意投資的必要性，要踏入投資的世界仍需跨過兩種門檻：「沒有投資的錢」與「投資好難」。

投資從儲蓄開始

雖然這麼說對於沒錢投資的人很抱歉，但先存第一桶金實為當務之急。你可能會問「難道不能貸款投資嗎？」我的答案是，當然不行。當你累積投資經驗，規模也逐漸變大後，是有可能用到貸款；但在沒有自己資金的情況下，用他人的錢（貸款）開始投資，並非明智之舉。

第一桶金必須靠儲蓄。你可能會受周遭「只儲蓄要什麼時候才能變有錢人」之類的耳語干擾。沒錯。光存錢是很難成為

有錢人的。

　　但如果跳過儲蓄直接進入投資，你會更難過。這跟沒熱身直接跳進水裡是一樣的行為，為了能安全地游泳，你需要充分準備跟練習。

　　有句話說「股票投資一定要用閒置資金」，但在現實生活中，幾乎不可能有所謂的閒置資金。當你拿到績效獎金或定存到期後，很奇怪的，總有需要用錢的事情發生，你突然覺得家電用品或家具看起來很舊、想換車、租金漲了等等。因此，最好不要抱著有閒置資金之後要拿來投資的想法，最好是連閒置資金都必須存起來，才能開始投資。而這時能有意識地存起來的方法就只有儲蓄。

　　拿來投資的錢，即第一桶金的規模非常主觀，這可能依據你的所得、財務狀態、投資目標等而不同。好比說，1,000萬韓元對有些人來說可能是很多的第一桶金，對有些人來說可能還不夠，仍需繼續累積。不過最好不要設定過大的金額，導致連開始都沒辦法。

退休金用累積型投資開始

　　就投資目的來說，不需要第一桶金即可開始的投資應屬退

休金了。透過年金基金或年金保險每月固定累積的方式，即使沒有第一桶金也可進行。退休金之所以適合累積型投資有兩種原因

第一，投資期間非常長。投資期間愈長，虧損的可能性就愈低，而退休金正適合長期投資。因此在累積型投資的過程中，即使暫時發生虧損，也能撐到能夠領出年金的時機。

第二，年金商品的結構與稅制優惠設計，很適合累積型投資。每年轉進年金帳戶的金額可抵稅，產生的收益也可延遲課稅，因此可帶來相當的節稅效果。年金保險也是必須在10年以後，才可享有免稅的優惠。

投資是困難的

投資是很困難的事情。就連有公式跟答案的數學都很難了，充滿各種不確性定的投資更不可能是簡單的。「Risk」通常會翻譯成風險或不確定性，它是源自古義大利語risicare，即「有膽挑戰」（to dare）之意。假使你面對的東西是確實且安全的話，根本不需要用上勇敢之類的詞語。若說在銀行存款需要勇氣，應該會有點奇怪吧？所謂的投資，即是在不確定中以某種原則、標準、分析為基礎，並鼓起勇氣的行為。

並非鼓起勇氣投資就一定會有收穫，畢竟意料之外的因素

經常發生。2020年剛開始時,沒人預料到新冠肺炎會給投資市場帶來這麼大的衝擊,當時陷入恐慌而敗盡投資金的人可說是不計其數。

已經很困難的投資之所以會變得更加艱困,是因為貪婪與恐懼的關係。即使你再怎麼理性,在被貪婪與恐懼籠罩的瞬間,判斷力就會消失殆盡。

天才科學家牛頓也不例外。牛頓擔任英國鑄幣局總監長達25年,期間他為防止偽造紙幣而留下不少貢獻。當時英美的硬幣製造物料會隨幣值變更,有金幣也有銀幣。不過有不法份子會將硬幣剪走一圈,將金屬物料偷走圖利。所以時任的英國皇家鑄幣局總監牛頓,就想到硬幣防偽辦法:在硬幣的邊緣刻上有規律的刻痕。如果硬幣被剪走,就算一般百姓都能從邊齒看出端倪。自從硬幣加刻邊齒後,剪切硬幣的情況大大減少!

雖然牛頓在金融上有極大貢獻,卻在投資南海公司(South Sea Company)股票時,慘賠了約2萬英鎊(約3千萬韓元)。南海公司因獨占與南美貿易的特權等,是極具投資吸引力的公司。因此牛頓開始小額投資南海公司股票,並獲得不錯的收益;然而牛頓的朋友並未急著將南海公司股票賣出,而是花時間等待,卻獲得了更大的利潤。牛頓看著驟漲的南海公司股價,心裡開始焦急,便把財產全數投入,然而遺憾的是,

當時正處於泡沫破滅之前的階段。在南海公司被揭露出虛有其表的真相後，股價也開始暴跌，牛頓最後落得了慘賠的下場。

牛頓歷經了被認為是金融歷史上著名的泡沫（形成與資產價值相比過高的價格，並於之後暴跌的事件），他在南海泡沫事件後指出：「即使我算得出天體的移動，也無法計算出人類的瘋狂。」

通膨風險

阻礙通往財富自由之路的最大風險即是通膨。通膨之所以會是風險，在於它會讓資產產生虧損。

銀行帳戶裡的100萬韓元跟10年前的100萬韓元是同樣金額，但跟10年前可以買到的東西比起來，現在100萬韓元可以買的東西卻較少，這是因為錢的價值下跌了。若非因不景氣而通貨緊縮（概念與通膨相反、物價下跌的現象），則錢的價值會隨時間經過下降。

投資的最低目標報酬率應要超過通膨，這樣你的錢才不會被通膨吃掉。通膨風險並不會在某一天突然找上門來，它會像漲潮一樣，一點一點地襲來，並掌控世界。如果不想掉進名為

通膨的潮水中被淹沒，你就必須準備堅固的船隻，而能在通膨漲潮中浮起的船，名字就叫投資。

長壽風險

嚮往財富自由的人最後要記得的風險是長壽風險。講白一點就是你必須避免在死前沒有錢可以用，且持有的資產壽命得比自己的壽命長。但問題在於，你沒有辦法知道壽命到什麼時候終了，也無法知曉在那之前是否健康。相關統計雖有利於參考，但到底只是統計。

太遠的事情容易叫人毫無頭緒，你有可能受困於目前急需解決的問題而無法直視它。然而對大部分的人來說，年老是無可避免的現實。當然，老年生活有一部分可以依靠社會保障制度，不過每當看到高齡化趨勢發展快速，及相對急遽下滑的景氣時，就覺得抱太大期待可能會產生很多風險。

如果希望在生命結束前能有尊嚴、不給他人帶來麻煩，就必須好好面對長壽風險。專家皆認為，老年應具備健康的身體、溫暖且充實的人際關係，生活才會有意義。當然，經濟能力也不能忽略，而其核心即在投資。

理解投資者的情緒週期

對投資毫無興趣的人會在「透過投資賺了很多錢」之類的故事充斥身邊時，突然燃起興趣。藉股票、不動產、虛擬貨幣賺大錢而離職的案例層出不窮，而這樣的潮流也使得到處都在談論股票、不動產與虛擬貨幣。你開始不安地想著，如果自己什麼也不做，或許就會被人永遠甩在後頭。

但不管三七二十一就跳入其中可不是好主意，所以你開始學習專家的分析跟觀點，並吸收民間高手的秘訣後進入投資市場。幸好，報酬率很不錯，輕輕鬆鬆就超越幾年下來的存款利率，甚至還覺得以前只做銀行儲蓄真是有點浪費。早知如此，當初就鼓起勇氣投資更大筆錢了。你花更多時間看與投資相關的內容，彷若外星語的專業用語一個個映入眼簾，好像看到了新世界。

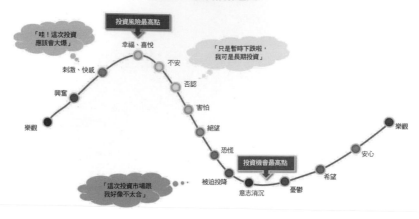

投資市場的情緒週期

「哇！這次投資應該會大爆」

投資風險最高點

幸福、喜悅

刺激、快感

不安

興奮

否認

樂觀

害怕

絕望

「只是暫時下跌啦，我可是長期投資」

恐慌

投資機會最高點

被迫投降

意志消沉

憂鬱

希望

安心

樂觀

「這次投資市場跟我好像不太合」

「很好！只要這樣繼續下去就可以了。」然而幸福無法持久，報酬率開始下跌，你慌忙地尋找資料，發現各方看法不盡相同。苦惱著要不要賣出的同時，腦海裡浮現報酬率達到最高值的畫面。「這應該是書裡講的短暫修正啦。這樣的話我得等才行，畢竟我是長期投資者。」

你焦急地等待回升，結果卻跌得更多。報酬率已接近原點（0）了。雖然還不到虧損，卻不想就這樣結束，你決定再多等一會兒。不過這份等待卻沒有回報，報酬率最終出現了負值，後悔沒有早一點賣掉。你打算在虧損幅度縮小後賣出，卻又繼續下跌。

「就這樣了吧！我當初就不適合投資啊。」幾乎陷入自暴自棄的狀態。如果每天都遇到這種狀況，更會讓人不安、生

氣。最終只能含著眼淚全數賣出，而這一路繳下來的「學費」
可不便宜。

有一段時間鐵了心不再關注投資，卻又隱約在新聞中聽到
賣掉股票上漲的消息。你不禁心想「早知道就再撐一下了」，
並後悔著。一邊想著或許現在是投資的好時機，卻又無法確
定。當你還在煩惱東煩惱西之時，股價已漸漸回升到過去買進
時的水準。

「我之前到底在幹嘛？」

牛市與熊市的三階段

投資大師、橡樹資本管理創始人霍華・馬克斯（Howard
Marks）將牛市與熊市各分為三個階段。

由於期間不固定，所以各階段很難明確區分，且上漲與下
跌的幅度每次也都不一樣。就歷史來看，牛市一般會比熊市維
持更長的時間，因此資產會隨著時間的經過上漲。

牛市與熊市的方向完全相反，但前進的樣貌卻類似。少數
人會先認知到牛市跟熊市的開始（第一階段），之後對於該狀
況的認知逐漸擴大（第二階段），且所有人都認定會持續下去

市場階段	牛市	熊市
第一階段	少數有洞察力的人開始相信狀況會變好時	只有少數慎重的投資者認知到，好的狀況總有一天會無法維持時
第二階段	大部分的投資者意識到實際狀況正在變好時	大部分的投資者意識到狀況正在惡化時
第三階段	所有人都認為狀況會持續好轉時	所有人都確信狀況會一直惡化下去時

（第三階段）。牛市達到第三階段後，會進入熊市的第一階段；熊市達到第三階段，則會進入牛市的第一階段，依此循環。

　　每個人都想當那個意識到牛市或熊市開始的少數，但就連專業的投資人或世界級的大師都認為這非易事。說得白一點，就是沒人知道會怎樣。大多只能在事後回顧，才發現當時是牛市的最高點或熊市的最低點。

在投資市場生存的三種方法

1. 持有充足的現金

　　如果你正處於下跌的投資市場，難免會遇到壓力。但若持有充足現金的投資者，則壓力相對較小。這裡的現金並不是指

當生活費的現金，而是用於投資的「投資備用資金」。

　　平常大家可能會覺得現金無助於報酬率，但它其實是在危機時不可或缺的夥伴。我們很常因為投資金都卡住，導致錯過一些顯而易見的投資機會。你也可貸款投資，但這仍與用自己的錢投資有很大的不同。熊市時，大家可能都哭喪著臉，但現金較為充裕的投資者也許還會偷笑。

2. 繼續投資

　　不考慮市場局面而持續留在投資市場，會意外帶來不錯的收穫。這是因為牛市與熊市雖然反覆出現，但長期仍呈現上升的趨勢。如果只關注短期的收益跟損失，勢必會深受壓力所困。

　　你可能會想在熊市時從投資市場脫身，然後在牛市初期重新進場，但這就跟中樂透一樣難。若持續待在投資市場，機會就可能找上你。在投資的世界裡，你必須歷經高點跟低點，結果才會明朗。在那之前，誰也不知道會發生什麼事。

3. 投資組合再平衡

如果可以在一定週期將投資組合再平衡（rebalancing），就能減緩牛市跟熊市的壓力。所謂的再平衡是指將上漲的資產賣出，買進下跌的資產，並藉此調整為原先的投資比重。好比說，假設投資比重設定為股票40％、債券40％、現金20％，若股價猛烈上漲，會發生什麼事？股票在投資組合的比重會增加（50％），債券跟現金（即使無虧損）的比重則會減少。

這時再平衡的方法即是將股票賣出10％，降為40％後，再將賣出股票的錢拿來買債券，增加現金。這樣就可以重新調整為原本設定的股票40％、債券40％、現金20％的比重。再平衡可以幫助你不受「上漲的資產好像會持續漲、下跌的資產似乎會持繼續跌」的心理所左右。

再平衡並沒有既定的週期，但若太短，可能導致交易費用增加。相反的，再平衡的週期若太長，則市場局面可能改變，無法達到目標。一般來說會建議以6個月到1個月為週期，進行投資組合的再平衡。

在恐懼中買進，在貪欲中賣出

　　投資市場是由恐懼與貪婪支配的，聽起來是不是有點毛骨悚然？但其實這再自然不過了。恐懼與貪婪一直盤踞在看起來很有效率的投資市場中，並在決定性的瞬間露出盧山真面目。像海嘯一樣，一瞬間就將所有東西吞噬。之後便銷聲匿跡，彷彿什麼事都沒發生過。如果無法理解貪婪與恐懼，很難在投資市場生存。投資者想獲得收益的欲望接近本能，而這個欲望也是讓資本主義運作的主要動力之一。必須要有投資者的欲望，國家跟企業才能籌措資金，不動產交易才會活躍。有金錢往來後，經濟規模就會逐漸擴大。就業機會增加，所得與資產價格也跟著上漲。

　　問題在於欲望加大後轉變為貪婪的時期，少數的人會察覺

徵兆並提出警告，但人們多半無視。因為被貪婪支配的時間是充滿歡樂的。派對正盡興，突然有人說回家的時間到了，肯定被白眼。這時音樂一定會放得更大聲，氣氛也更熱絡。只有一部分的人會想「玩到這裡差不多了」，之後默默離開。

彷彿永無止境的貪欲經常會在短時間內結束，而非慢慢降下。音樂停下、燈暗的派對場所會在一瞬間轉為世界上最令人恐懼的空間。到處傷亡慘重，彷彿再也無法回到昔日榮光。「長期停滯」、「大量失業」、「負成長」等字眼蓋滿新聞跟社群，「恐懼的時間」頓時襲來。

不過當世界陷入恐懼，大家都覺得自己完蛋的時候，更是需要振作的時機。這是因為如果被恐懼操弄，而將剩下標的胡亂拋出，機會就不會再上門。這時正是撿拾他人低價送出資產的絕佳時機。極度恐懼的時間會比想像中更快結束，雖然對未來仍不甚確定，但狀況已經逐漸好轉。人們會開始振作並理性判斷，資產的價格也會逐漸回到原位。

正確的時間點為何

若能在投資市場達到貪婪頂點前脫手，並在恐懼上升到極

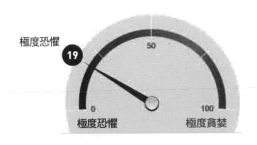

恐懼與貪婪指數

現在左右市場移動的情感為何？

極度恐懼
19
50
0   100
極度恐懼   極度貪婪

前一交易日 極度恐懼	16
一週前 極度恐懼	13
一個月前 極度恐懼	21
一年前 極度恐懼	60

致時進場，就能獲得巨大成果。

　　只不過，最好不要嘗試預測確實的時間點，因為這是不可能的。曾因正確預測而聲名大噪的經濟學者或投資者，也都沒能持續成功預測。這也顯示出投資市場的複雜性，但人們仍持續嘗試測量投資市場的恐懼與貪婪程度，開發出各種指標。其中CNN發表的「恐懼與貪婪指數」（Fear & Greed Index），是許多金融投資者參考的指標。

　　看的方法很簡單。分數板長得與汽車的時速表類似，愈接近0代表陷入恐懼，愈接近100則代表陷入貪婪。而右側則呈現前一交易日、一週、一個月、一年前的指數。

　　你也可以看到過去指數的變化。2020年上半年的指數動盪

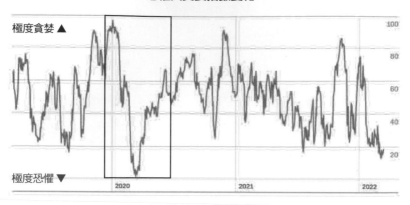

恐懼與貪婪指數變化

極度貪婪 ▲

極度恐懼 ▼

劇烈（如圖表所示）。2020年開始時指數幾乎接近100，在全世界遭受新冠肺炎的強烈衝擊後，掉到接近0。

　　回想起來，當時投資市場都被新冠肺炎或許會導致人類滅亡的恐懼給占據了。不過在疫苗開發等消息傳出後，就又立刻回到中間水準。當時股價也和恐懼與貪婪指數呈現類似的走向。

　　然而，恐懼與貪婪指數跟股價的走向並非完美契合。你可以參考極度恐懼與貪婪程度，但若要跟隨這個指數決定是否投資則要注意，特別是買賣頻繁的當沖交易，可能就不適用。

　　對於勇於走向與大眾相反道路的人，投資會為你帶來甜蜜的果實。你要記得，所謂的風險其實是指「鼓起勇氣挑戰」。股神巴菲特的名言「在恐懼中買進，在貪婪中賣出」，即貫通了投資的核心。

無解的股票投資也有其方法

　　「到底哪檔股票會漲？」應該是所有投資者心中永遠無解的難題。為了解決這個問題，創造了無數個投資理論。然而遺憾的是，投資市場並不像數學，能套用公式算出解答。昨天說服力還強到不行的理論，可能在今天就被人棄之如敝屣。

　　被稱為「華爾街的怪傑」的納西姆·尼可拉斯·塔雷伯曾警告：「大部分的世事都為運氣所左右。」有時運氣好的傻瓜的投資成績可能比有實力的投資者更好。甚至還曾有猴子與基金經理人的投資對決中，由猴子獲勝的故事。世界級的財經媒體《華爾街日報》曾在1980年代做過實驗，他們將猴子隨機選定的標的與由四名基金經理人選擇的標的，以6個月為單位比較報酬率。最後基金經理人輸給了猴子。

但即使如此，也不能將投資一事都交給猴子來辦。事實上，《華爾街日報》在1988年到2002年共進行了142次實驗，基金經理人的勝率因而提高到61.3％（該說好不容易保住人類的面子嗎）。

　　透過這個實驗，我們可以確認幾個事實。

　　第一，投資市場中實力與運氣是共存的。
　　第二，你無法保證短期間內的成果。
　　第三，反覆長時間投資，就可以創造出成果。

直接投資 vs 間接投資

　　對於想長期投資的投資者而言，選擇大致可分為兩種。一個是自己親自選擇項目投資（直接投資），一個則是透過基金等託付給投資專家（間接投資）。當然，你也可以兩者並行。

　　直接投資的優點在於費用較少。正確來說，是省下託付給投資專家的費用（酬勞、手續費）。取而代之的，是必須花大量的時間在投資上。韓國股票市場（KOSPI、科斯達克）上市的公司共有2,356家（截至2021年底）。若將範圍擴到大海外股市，那數字更難以估計。除了要消化的資料量很多，自己分

析的結果也不知道能不能信任。因此有很多人投資時，會選擇支付一定金額的費用，來節省時間與降低風險。

假如多花一點錢就能確實獲得收益，或許也是個不錯的選擇。如果基金經理人能好好發揮實力，就更不需要擔心未來了。但這裡會有一個問題，間接投資並非無條件產生收益。你可能有收益，也可能有虧損。除此之外，即使受到虧損，你仍得支付費用，這對間接投資者來說是非常心痛的。

主動型基金 vs 被動型基金

間接投資並不全然相同。股票型基金的區分標準超過數十種，但根據基金追求的目標可大略分成兩種。第一個是以「市場平均以上報酬率」為目標的基金，第二個則是以「市場平均收益率」為目標的基金。乍看之下，你應該會覺得當然要投資以平均以上報酬率為目標的基金。都拿錢投資了，誰會投資只以平均為目標的基金呢？

而像這樣以超越市場平均的成果為目標的基金稱作「主動型基金」（Active fund）；相反的，跟隨市場平均的基金則稱為「被動型基金」（Passive fund）。而實際上，大部分的間接投資者的確會選擇投資主動型基金。

不過，其實有相當多的主動型基金連市場的平均報酬率都無法達到。譬如說，假設韓國KOSPI指數在過去一年上漲了

10％，那麼就會有很多韓國股票式主動型基金成效未達10％（其中也會有虧損的主動型基金）。這跟考試的學生不可能都達到平均分數是一樣的道理。就機率來看，會有一半人的分數低於平均。

而主動型基金中也有持續高於市場平均報酬率的基金，但很少會有基金像會讀書的學生那樣，每次都超越平均的報酬率。畢竟很會讀書的學生能持續維持表現，投資市場卻免不了「運氣」因素。常有基金設立的投資策略與市場走向大相逕庭，有能力的基金經理人也不時會轉換職場。

不要忘卻投資的根本

華爾街傳奇基金經理人彼得・林區（Peter Lynch）從1977到1990年管理「麥哲倫基金」，並創下累積報酬率2703％的驚人紀錄（換算成年平均報酬率則為29.2％，是當時市場平均報酬率的兩倍）。他甚至在1987年造成市場瞬間恐慌的黑色星期一，也產出正的報酬率，且管理期間從未呈現出負報酬率。而在華爾街能超過10年超過市場平均報酬率的投資者，只有彼得・林區跟巴菲特。

不過彼得・林區在仍處全盛期的47歲，就為了與家人共度珍貴時光而突然退休，讓人無緣再親見他操盤的基金。

當時投資麥哲倫基金的人也都羨慕不已。假使能回到由彼得·林區管理基金的時期會怎樣？應該會有很多人將自己全部的資產都投入麥哲倫基金吧！

　　但實際上，有一半以上加入麥哲倫基金的人遭受虧損。基金創造了驚人的收益，卻有一半以上的投資人受到損失，實在令人難以理解。而蒙受虧損的投資者是這樣行動的。他們看到麥哲倫基金報酬率極佳的新聞後，便將錢投入基金，在報酬率降低後，便將錢贖回。這種行為與「便宜時買進，貴時賣出」的投資基本原理背道而馳。如果忘卻投資的基本，即使碰上傳奇性的基金經理人，也必然得不償失。

注意指數型基金

　　與其嘗試找出第二個麥哲倫基金，不如投資指數型基金吧！指數型基金（Index fund）的定義與被動基金類似，是指追隨市場平均報酬率的基金。例如，KOSPI上市的公司中，位於前200名的公司可以另外創立指數（index），而這個指數就叫做「KOSPI 200」。美國股票市場的「S&P500」是標準普爾公司參考企業規模、流動性、產業代表性，選定500個大型股組成的股價指數。「那斯達克100」則是由美國那斯達克100個上市公司所組成的股價指數。

如前述，每個國家都會有整體股票市場或優良企業等組成的各種股價指數。而指數型基金即是與特定股價指數呈相同走向的基金。KOSPI 200的指數型基金或ETF（指數股票型基金）的命運，都取決於KOSPI 200的報酬率。

而投資指數型基金的意義，就如同投資該指數的整體股票。有一些績優股1股就超過100萬韓元，若想持有數張這檔股票，就需要鉅額的金錢。若利用指數型基金或ETF，就能以非常少的金額買進這些績優股100股、200股、500股或更多，就跟切開的蛋糕會跟整體蛋糕口味相同是一樣的道理。

指數型基金跟主動型基金比起來費用較便宜。如果你覺得比起投資成果較不穩定的主動型基金，將資金放在能持續創造市場平均報酬率的項目上較為安心，那指數型基金會是不錯的替代方案。

指數型基金的創始人約翰・柏格（John Bogle）曾說：「從長期的觀點來看，能創造超過市場平均報酬率的投資者非常少，因此最有效的投資策略應為：直接跟隨市場平均報酬率。」華倫・巴菲特為了妻子而提前準備的遺囑中也提到：「把資產的90％拿去投資S&P500指數型基金吧。」這間接傳達了對於一般投資者而言，被動投資是較為適合的。

為富裕奠基的資產分配

即使不懂足球，應該也知道一支足球隊是由11人組成，而每個選手都有各自的分工。若有好的守門員、後衛、中場、前鋒彼此配合，就能形成一支很強的隊伍。雖然大家總是將目光放在主要進球的前鋒身上，但其實強隊靠的是組織能力。

阿根廷的梅西、葡萄牙的C羅被公認為21世紀最厲害的足球選手。他們以卓越的個人技巧累積驚人的紀錄，並帶領所屬隊伍拿下無數勝利。然而，兩個選手卻都長期與世界盃冠軍無緣（編按：2022年梅西率阿根廷隊在卡達世界盃足球賽擊敗法國奪冠）。這是因為只靠1～2名優秀的選手，是無法獲得在世界盃勝出的。

如果有一支隊伍有11個梅西或C羅會怎麼樣呢？雖然攻擊

力超強，但防守一定會出現很大的漏洞。梅西若擔任守門員，可能還會因身高較矮（169cm）而遇到很大的挑戰。最終還是只能選擇瘋狂得分奪勝。但你必須記得，足球並不是想踢就踢得進的。

資產分配要像足球教練一樣

所謂資產分配，就是去設定股票、債券、不動產、現金等資產的投資比重，跟組一支足球隊類似。可能根據教練的偏好，將隊伍著重攻擊或防守；但沒有教練會組一支只注重攻擊或防守的隊伍。

資產分配時，會同時需要可提高及守護報酬率的資產。股票雖然擔任提高投資組合報酬率的角色，但有時也會帶來損失，就像有時比賽會有進了2～3球、卻犯下致命錯誤的選手。投資組合中股票占比愈高，收益與損失的幅度也愈大，原因即在於股票的這種屬性。當你100％投資股票時，有可能在短時間達到高收益，卻也同時伴隨資產砍半的風險。

債券跟股票比起來波動幅度較小，它不算是經常得分的選手，卻可擔任防守對方攻擊的角色。在利息下跌時，有時還可創造比股票更高的收益。只不過，債券價格會因利息上升而下跌，因此可能遭受損失。

現金則擔任守門員的角色。在關鍵時刻，守門員的防守可發揮不下於進球的效果。雖然無助於收益，但在眾人都陷入恐慌之際，它可說是守護投資組合的最後堡壘。

不動產或原物料價格也會各自隨著週期上上下下，但該走向要與其他資產不同才有意義。特別是原物料有時會在短時間內暴漲暴跌，如原油甚至有時會從每桶20～30美元暴漲到100美元以上，金價也會在看似不景氣時，因危機感高漲而呈現巨大波動。

資產分配可減少投資風險

資產分配的核心在於同時持有不同屬性的資產。如果上漲時一起上漲，下跌時又同時下跌，就沒有資產分配的意義了。

當談到兩種資產的屬性時，我們會使用「相關係數」的概念。相關係數會用-1～1之間的數字來表達，愈接近-1代表愈往反方向移動，愈接近1則代表趨向往同方向。

我們用資產分配與投資組合設計專家羅傑‧吉布森（Roger C. Gibson）所著的《資產分配》中的簡單圖表來說明。

投資組合1的A資產跟B資產價值不同，走向卻完全相同。如果對A資產與B資產各自分散投資50％，就能達到與虛線標示投資組合相同的報酬率，但這樣的資產分配並無效果。

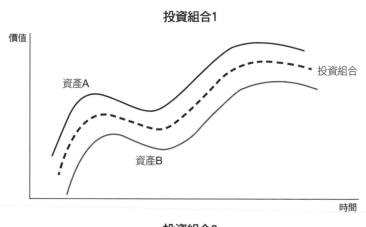

投資組合1

價值

資產A

投資組合

資產B

時間

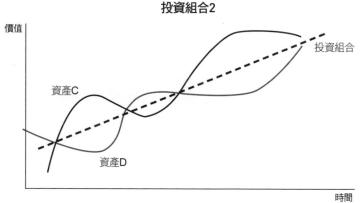

投資組合2

價值

資產C

投資組合

資產D

時間

相反的，投資組合2中，兩種資產的走向是完全相反的。C資產
實現收益時，則D資產出現損失；當C資產出現損失時，D資
產則實現收益。如果將投資金額分一半分別投資C資產與D資
產，就可達成虛線標示的「投資組合」報酬率。

如此，即可藉資產分配穩定地管理資產了。

為了幫助你理解，我在各資產上加了「正（＋）相關」或「負（－）相關」；但現實中並沒有像這樣走勢完全相同或相反的資產。不過你只要理解「負（－）相關」愈大，即代表資產分配效果愈好就可以了。

資產分配效果大的資產

最近增加了很多被稱為「東學[1]螞蟻」（指一般散戶）或「西學螞蟻」（海外投資個人投資者）的個人投資者。那麼若個別投資韓國股票與美國股票，結果會如何？我們可看下一頁過去（1982年～2021年）資料呈現的KOSPI指數與美國S&P500指數的報酬率。

一開始的3年，韓國股票與美國股票的走向幾乎一樣（A區間）；之後在韓國股票兩次暴漲與暴跌期間，美國卻呈現穩定上升的局面（B區間）；2000年網路泡沫破滅時，韓國股票與美國股票皆呈現下跌的情形（C區間）；2008年金融危機時，兩者也都經歷了劇烈下滑；但在2010年代，美國股票

---

1. 東學是過去朝鮮王朝末期出現的本土宗教。東學倡導反洋教、反侵略，與當時東進的西學相對。

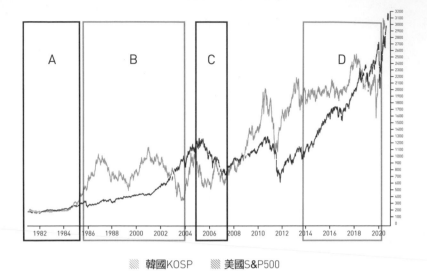

KOSPI指數與美國S&P500指數報酬率

1982　1984　1986　1988　2000　2002　2004　2006　2008　2010　2012　2014　2016　2018　2020

▨ 韓國KOSP　　▨ 美國S&P500

　　呈現穩定的上升趨勢，而韓國股票則持續困在盤整形態（D區間）。

　　觀察過去40年期間的資料會發現，KOSPI與S&P500並非是好的資產分配組合。這是因為彼此之間的負（－）相關看來較小。我們要找的，應該是比這個擁有更高負相關的資產組合。

　　如果看一下2000年以後的全球主要資產相關係數，就可以發現相對來說資產分配效果佳的組合。投資韓國KOSPI時，資產分配效果最大的是美國國債（相關係數-0.61）。這表示比起投資韓國股票與美國股票，「韓國股票＋美國國債」的組合，從資產分配的角度來看是更有效果的。

　　而投資韓國社區大樓時，資產分配效果最大的是美國S&P500（相關係數-0.62）。假設將資產大部分放在社區大樓

2000年後全球主要資產相關係數

（基準：年平均）

	韓國 KOSPI	韓國公債	韓國社區 大樓	美國 S&P500	美國國債	新興國家 股票	黃金
韓國KOSPI	1						
韓國公債	-0.32	1					
韓國社區大樓	0.43	0.06	1				
美國S&P500	-0.14	-0.20	-0.62	1			
美國國債	-0.61	0.26	-0.08	-0.24	1		
新興國家股票	0.68	-0.32	0.07	0.17	-0.42	1	
黃金	-0.14	-0.05	0.16	-0.46	0.66	0.06	1

出處：《乘上錢流》（洪椿旭，Smartbooks）

的人，將美國S&P500的考慮順序放在韓國股票之前，從資產分配的角度來說更有利。此外，美國S&P500與黃金、美國國債及新興國家股票的組合呈現較大負相關，因此頗有資產分配的效果。

很多人覺得自己投資數十檔股票，就代表做到分散投資、資產分配。會這樣想情有可原，然而這種行為其實代表你並沒有真正理解資產分配。如果只投資韓國股票，就等於是將雞蛋都放在僅占全球市場2％的籃子裡，你必須將投資對象擴大到海外股票，將投資擴大到債券、不動產、黃金、原物料等資產，才能實現有效的資產分配。

投資大師的投資組合

　　了解資產分配的原理後，接下來要決定在投資組合中各放入多少資產。如果你的投資組合是由韓國股票與美國國債組成，就必須設定各自的投資比重。你可以讓韓國股票與美國國債各50％，或是韓國股票60％、美國國債40％等。當然，投資比重不同，結果也會不一樣。如果再加上其他資產，選擇就更多元。

　　世上並沒有一個可跨越時代的絕對型資產分配。然而，有很多投資大師提出的資產分配模型都值得參考。來看看不會太複雜、稍微用心就可以輕鬆管理的三大投資組合吧！

永久投資組合

第一個要介紹的投資組合是哈利布朗提出的「永久投資組合」（Permanent Portfolio）。如同字面上「一直維持下去即可」，這是不管在什麼經濟狀況下都能運作的投資組合。永久投資組合會各自投資25％在股票、債券、黃金、現金，並定期再平衡。所謂的再平衡，是指將比重增加的資產賣出，並買進比重減少的資產，藉由再平衡將各資產的比重維持在25％。

之所以將股票比重壓到25％，雖犧牲一部分報酬，但可在市場崩盤時減少損失。1987年黑色星期一時，美國股票市場一天就掉了22.6％，但永久投資組合卻只下跌了4.5％，驗證了其減少損失的效果。

債券會推薦美國長期國債，它的優點在於有美國政府的保證，穩定性較高。此外，在永久投資組合剛推出的1980年代初期，美國30年期國債利息有10％以上，故報酬率的評價不錯。

永久投資組合

現金作為美國短期國債，可對應不景氣的時期，而黃金則是為了在通膨期間維持資產價值而納入。

懶骨頭投資組合

第二個是史考特・伯恩[2]（Scott Burns）提出的「懶骨頭投資組合」（couch potato portfoilio）。「懶骨頭」是指在沙發上邊吃洋芋片邊看電視的人，意指這個投資組合十分簡單，不需要花太多心力。這個投資組合會投資股票與物價指數連動債券各50％。物價指數連動債券是指隨著物價上漲率不同，利息也跟著變動的債券。當物價上漲時，支付給投資者的利息率也會跟著上升；當物價下跌時，利息率也會跟著降低。大部分債券的價格會在通膨時期、利息上漲時下跌，因此報酬率會變低；但物價連動債券則相反，在通膨持續的狀況下，利息也會

懶骨頭投資組合

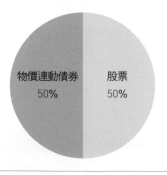

物價連動債券 50%　股票 50%

2．晨星全球資產管理研究總監。

跟著提高，是很具吸引力的投資標的。

全天候投資組合

　　第三個投資組合是世界最大避險基金——橋水基金的創辦人達利歐（Ray Dalio）提出的「全天候投資組合」（All Weather Portfolio）。

　　全天候投資組合意指能應對所有天氣，不管遇到什麼經濟狀況都能持續的投資組合。達利歐認為他的家人需要可輕鬆管理的投資組合，因此才研究並發表了全天候投資組合。

　　全天候投資組合將金融環境根據成長率及通膨分為四個類型。分別是：①成長率高、通膨也高。②成長率高、通膨低。

	成長率	通膨	
超過	股票 公司債 新興債券 原料	物價連動債券 原料 新興債券	市場預期 ↓
未達	長期國債 物價連動債券	長期國債 股票	

全天候投資組合

股票 30%
長期債券 40%
中期債券 15%
黃金 7.5%
原物料 7.5%

③成長率低、通膨高。④成長率與通膨皆低。由於各狀況產生的機率不明，故假訂為25％。

以下是考慮在各狀況下何種資產較有利、資產間關係產出的資產比重。組成分別為股票30％、長期債券40％、中期債券15％、黃金7.5％、原物料7.5％。

不過，這些資產比重是根據暢銷書《錢》（Money）作者東尼‧羅賓斯[3]（Tony Robbins）在訪問達利歐時得出的數值。東尼‧羅賓斯為了與全天候投資組合做出區隔，提出了「四季投資組合」（All Seasons portfolio）。而實際上橋水基金管理的全天候投資組合細分程度更高，且應用也相當活躍，一般的投資者如果要學，這樣的資產分配已經足夠。

---

3. 美國著名的作家、演説家。

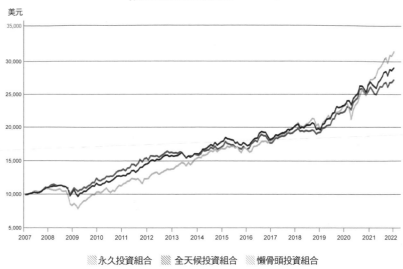

投資組合累積成果 (2007~2021)

美元

▨▨ 永久投資組合　　▨▨ 全天候投資組合　　▨▨ 懶骨頭投資組合

投資組合的投資成果

　　實際投資三大投資組合的成果為何呢？假設2007年投資1
萬美元，且每一年進行再平衡。回測結果顯示，2007年投資的
1萬美元到2021年底漲到2萬7,000～3萬1,000美元（累積報酬
率170%～213%）。

　　這個期間有2008年金融危機與2022年新冠肺炎等重大利
空因素，股價腰斬或是金融市場整體陷入恐慌之類的事情曾
發生兩次。不過三大投資組合年平均報酬率仍達到了6.89～
7.9%。

三大組合整體看來趨勢差不多，但若就細部觀察，會發現有些區間的軌跡略顯不同。懶骨頭投資組合的股票比重最高，因此有很多區間劇烈下跌，下跌幅度也較大。但在股價回升時，也呈現報酬率快速恢復的樣貌。如果以每年為單位比較成果，還是有產生損失的年份。不過，除了2008年，懶骨頭投資組合每年最大損失幅度都控制在3％～4％，這是因為分散投資股票與債券的結果。

　　你在觀察投資大師推薦的投資組合時，會覺得比較可惜的點在於，因為他們是以美國投資者的立場提出的投資組合，這些投資組合的股票或債券統統都是美國的。韓國投資海外ETF或直接在美國股票市場中投資，已較過去簡單許多，但從韓國投資者的立場來看仍有一定門檻。

　　美國投資者不需考慮韓元／美元匯率的變動要素，但我們若可利用韓元／美元匯率的變動，或許就能將它視為優點，這是只投資自己國家股票跟債券的美國投資者難以做到的風險管理。假使能應用韓國股票與美國國債之間強烈的負相關，就能讓其成為資產分配風險管理的優點。

　　資產分配的目的不在於更高的報酬率，而是為了分散風險，安然度過市場變動。不管遇到哪種市況，都必須盡可能避免資產受損慘重，這樣才能在守護自己資產的情況下，也維持穩健心態。

國民年金資產運用跟著做

深入研究之後，你就會逐漸發現較為重要的事項，以及貫穿整體的脈絡。然而在達到該境界前需花上不少時間，且每個人的環境跟能力也不盡相同，甚至有人會不管怎麼努力都無法達成好結果。那麼不如這樣想吧！假使成績好的朋友在考試前直接將筆記整理好影印送給你，你會覺得怎樣？應該連感激都來不及吧！

要遇到願意分享自己研究筆記的朋友並不容易。不過，投資的世界就有這樣的朋友——國民年金。國民年金在1988到2021年曾達到6.67％的年平均報酬率，與退休金的管理報酬率平均1％比起來，可說是成果驚人。最近它也提高股票與海外投資比重，展現出更佳的成果。現在就一起來看國民年金的「密技」吧！

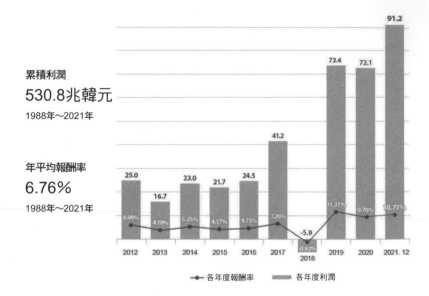

出處：國民年金基金管理本部

國民年金資產管理三階段

　　國民年金是為了讓國民安享晚年，由國家管理、具代表性的年金，每個月需負擔國民年金保險費。韓國的國民年金規模為948兆韓元，是繼日本公共年金、挪威主權基金之後的世界第三大。因此除了韓國投資市場，對全世界來說也算「大戶」。

　　國民年金基金管理初期，為了降低損失風險，曾將股票投資比重維持在非常低的水準。不過進入2000年代以後，國民

年金加入者增加，基金的規模也成長，除了韓國股票，海外股票、海外債券、海外另類投資等比重也持續上升。

如果只用韓國債券等安全資產管理基金，會很難確實發揮年金的功能。即是說，國民年金的課題，在於如何兼顧投資的兩大項目：報酬率與安全性。

國民年金並非只靠幾個投資天才去管理。根據《國民年金法》，實際上會歷經嚴格程序，並以國民年金基金管理本部為中心進行管理、操作。而這大致必須通過三個階段的決策後，才會執行投資。

第一階段：設定資產管理目標

考慮到國民年金為國民退休生活資產的特性，如何維持報酬率與穩定性最為重要。換句話說，為了維持基金的實質價值，你必須盡可能追求高報酬，同時又不超過損失風險的容忍範圍。為此，他們訂定了以下目標報酬率與風險等級。

目標報酬率是「實質經濟成長率＋消費者物價上升率±調整值」。這是因為你必須按照經濟成長、物價上漲程度的不同，維持達成報酬率的基金實質價值。

風險限制則依據基金管理方針，定為「短傳風險15％以內」。所謂的短傳風險，指必須將5年累積報酬率跌落同期間

累積消費者物價漲幅以下的機率，控制在15％以下。

簡單來說，比起物價上漲，你必須一邊將獲得低報酬率或發生極大損失的機率最小化，一邊管理基金。

個人投資者也可以應用國民年金的資產管理目標，試著以達成最低物價上漲率以上的報酬率，並將損失風險降到最低，作為資產管理的目標，而非不管三七二十一就要「最大報酬率」或「損失可能性是零」。

第二階段：策略型資產分配

第二個階段——策略型資產分配，是指配合目標報酬率與風險等級，按照不同資產決定投資比重。在國民年金中可以各資產期望報酬率與風險、資產的相對關係、政策條件等為基礎，得出最佳資產分配方案。

國民年金的2022年目標投資組合設定為韓國股票16.3％、海外股票27.8％、韓國債券34.5％、海外債券8％、另類投資（不動產、基礎設施等）13.4％。這裡要注意的是，海外股票的比重比韓國高，海外債券跟另類投資的比重也持續增加。在這樣的背景之下，國民年金的規模變得太大，導致只以韓國資

產進行管理會較為困難。

然而，本以為較為保守的資產管理方法——國民年金提高海外投資比重，其實對個人投資者來說是個很大的暗示。若專注在儲蓄等保障本息型的資產上，或只用國內資產組成投資組合時，相關限制會愈來愈明顯。故為了定期改善資產的管理報酬率，有必要參考國民年金的策略性資產分配。

第三階段：戰術型資產分配

最後的第三階段是戰術型資產分配。策略跟戰術都是軍事用語，但在經濟、經營領域也都廣泛使用。「策略」會在規模較大的層面中使用，「戰術」則是為了達成策略目標，在前線使用的方法、技術。

策略型資產分配會按照資產設定投資比重，而戰術型資產分配則意味為了獲得超額盈餘，而暫時調整資產分配的比重。好比說，有時股市可能會過熱，或是陷入不必要的恐慌，這時就可以在短期內減少或增加股票的比重，也可說是對市場較為敏感，且需果決判斷的階段。

不過，在國民年金管理成果中顯示，戰術型資產分配帶來的影響其實微乎其微。根據國民年金基金的管理性及貢獻度的

分析結果，策略型資產分配的貢獻度達99％，而戰術型資產分配則沒有多少貢獻。其他研究結果也顯示，投資成果的大部分來自有策略性的資產分配。因此，時間跟資金有限的投資者，只要設定好資產管理目標及策略性的資產分配，就很足夠了。

參考國民年金密技

有句話叫「人外有人，天外有天」。假設人想飛，其實不需要變成鳥，只要搭飛機就可以了。

你是否覺得投資很困難，光是聽到投資組合、資產分配就覺得頭大？這時，你只要學會韓國最尖端的投資專家經過腦力激盪產出的密技即可。國民年金密技會定期在基金管理本部網站公開，雖然會有兩個月左右的時差，但絕對值得參考。它也按照不同資產提供細部投資現況，所以可以確認國民年金正在投資什麼項目，又投資了多少。

然而，國民年金投資組合不管看起來再怎麼好，都不可能有重複的投資組合，這是因為管理資金的規模會有所差異。不過若能應用ETF或指數型基金等，就能以類似的型態進行。特別是對投資初學者而言，是非常好的方法。

個人投資者的速成品——ETF

　　身心俱疲時會想起媽媽煮的飯菜，但生活忙碌的一人家庭或雙薪家庭經常會覺得「親自煮很好，但很麻煩」。這是因為購買材料、處理很花時間，加上也有失敗的風險。不過也不能總是吃外食或叫外送吧？更別提速食了。

　　而比外食便宜，又能讓我們吃得健康的，就是綜合調理包了。它內含可直接調理的食材跟醬料，同時也附食譜參考。跟自己煮比起來較為節省時間，某種程度上也能保證結果不至於出太大紕漏。你也可按照喜好稍微調整食譜，讓過程更加有趣。對總是被時間追著跑的一人家庭、雙薪家庭來說，綜合調理包是可以一次滿足健康、時間、費用的代替方案，因此廣受歡迎。

解決直接投資與間接投資缺點的ETF

ETF就如同綜合調理包，它可讓你在投資時省下大量時間跟精力。跟間接投資的基金比起來，它的費用較便宜，且透明性高。而從前述ETF可解決直接投資與間接投資缺點的層面來看，可說是如綜合調理包一般的金融投資商品。

ETF會像股票一樣交易

ETF全名是「Exchange Traded Fund」，翻譯過來叫「指數股票型基金」。也就是說，它雖然是基金，卻是「上市的」基金。一般的基金並不會上市，但ETF有在股票市場上市，因此它可以像股票一樣買賣。好比說，如果你想投資○○ETF，就得像股票一樣，想著「買每股5萬韓元的○○ETF，共10股」，然後在股市買進。假使之後價格漲到1股6萬韓元，則要想著「以每股6萬韓元，共賣出10股○○ETF」，然後賣出完成交易，才能實現收益。由於投資者會親自進行買賣，因此ETF有直接投資的性質。

ETF會跟著指數

ETF會追蹤指數。韓國股票市場上市的ETF中，市值最高

指數股票型基金
Exchange Traded Fund

・小額分散投資
・免交易稅

股票　ETF　基金

・無回購手續費
・手續費體制便宜
・高透明性

的項目是「KODEX 200」，這個ETF會使它與KOSPI 200指數連動。

假設過去一年期間KOSPI 200指數上漲了10％，則代表KODEX 200也提升了約10％的收益。相反的，若KOSPI 200指數下跌了5％，代表KODEX 200也損失了約5％。

也有ETF會投資美國股票。「TIGER美國那斯達克100」ETF即是追蹤美國那斯達克100的標的進行操作，「TIGER美國S&P500」則是與美國S&P500的報酬率一致。ETF的特徵就是會與設定為投資對象的市場指數連動。投資ETF時，一定要確認是追蹤哪種指數。

像管理基金一樣管理ETF

「基金」的定義是「許多人以共同目的湊成的錢」，有時

可能會籌措基金開公司，有時也可能拿來投資。我們經常提到的基金，便是以投資目的而創立的基金（投資信託、投資公司、共同基金）。

投資者付錢後，基金經理人就會代替投資者買賣股票或債券，以追求收益。像這樣非自己直接投資，而是透過基金投資的就叫做間接投資。

代替自己投資的間接投資會產生費用，這跟你請人幫你做事要給錢是一樣的道理。投資基金時，必須支付管理公司、銷售公司、受託公司、事務管理公司手續費及費用，這筆錢不是由投資者直接支付，而是在投資金額中自動扣掉一定比例。而基金手續費及費用會根據基金種類不同，有一年支付0.1％左右的基金，或一年支付超過3％的基金。

由於ETF也算基金的一種，因此有手續費。不過跟同類型的基金比起來，其手續費不到1／10，其實非常便宜。韓國股票型基金每年的平均報酬率是1％左右，而投資KOSPI 200的ETF中，也有每年基金手續費0.017％的項目。如果投資1億韓元，每年的手續費為1萬7000韓元[4]（基金手續費會根據ETF

---

4. 約新台幣400元

價格變動而有所不同，但報酬率一樣），所以幾乎感覺不到有手續費。假使從投資的角度看費用與最終收益之間的關係，ETF算是非常有吸引力的投資方式。

這樣看ETF更簡單

如果是初次接觸ETF，建議先從網站看起。你可以在Naver[5]證券（金融）選單上找到「韓國股市——ETF」，就可以一眼看到韓國所有上市的ETF。

若以2021年底為基準，韓國股市上市的ETF共有533個，市值約74兆韓元。只要看ETF的名稱，就可以大概知道是什麼樣的ETF。以「KODEX 200」為例吧，最前面的英文「KODEX」，即表示管理ETF的資產管理公司的ETF品牌。KODEX是三星資產管理公司製作管理的ETF，TIGER則是未來資產管理公司、KBSTAR是KB資產管理公司、KINDEX是韓國投資信託管理公司、KOSEF是KIWOOM資產管理公司、ARIRANG是韓華資產管理公司等製作的ETF品牌。

在ETF品牌出現的單字代表該ETF追蹤的指數。在韓國

---

5. 韓國著名入口網站。

ETF中，「200」代表KOSPI 200指數。若為「美國那斯達克100」，則是追蹤「美國那斯達克100指數」的ETF。

接下來要探討的內容是ETF的市值成交量。市值愈高、成交量愈大，流動性愈好。ETF跟股市一樣，若市值跟成交量太小，可能導致買賣都很困難，因此應盡量避開市值太低的ETF。

你可以用同類的ETF去比較基金手續費，如果市值或成交量等沒有太大差異，那麼選擇手續費便宜的ETF較有利，畢竟追蹤相同指數的ETF之間的投資成果並沒有太大差異。

前往各家資產管理公司的ETF首頁，可看到該ETF更詳細的資訊。你可以確認組成ETF的項目跟組成比重等資訊。特別是被稱作「投資項目資訊」或「組成項目現況」的「PDF」（Portfolio Deposit File），每天會更新上傳每個投資項目的比重，跟一般基金在2～3個月後才公開投資項目比重比起來，ETF的透明度較高。

自動駕駛投資系統

　　每次搭飛機時，都會有一段期間特別緊張，即是起飛跟降落的時候。約有90％的飛機事故是在飛機起飛的3分鐘與降落的8分鐘內發生的。難怪航空界有一句話叫「惡魔11分鐘」。

　　美國北大西洋航空曾調查飛機起飛到降落期間機長承受的壓力，結果顯示降落瞬間，機長的心跳是平常的2.5倍，即使是資深的駕駛員，起降也是最緊張的時刻。

　　惡魔11分鐘以外的時間大致算平和，乘客會用餐、看電影、睡覺等。那麼駕駛艙內呢？這裡雖然仍是飛機內最繁忙的空間，但會變得較有餘裕。長距離航行時則會轉為「自動駕駛」，這時機長跟副機場就會輪流休息。

在投資中也可以使用自動駕駛。你不應花太多時間在蒐集資訊、分析、判斷，如同惡魔11分鐘，你應將專注力放在重要的瞬間，剩下的時間內只要不時確認一下，是否順利按計畫走即可。

用自動轉帳投資

「自動轉帳」是銀行客戶很愛用的服務。如果沒有自動轉帳，我們的金融生活搞不好會變得亂七八糟。也多虧自動轉帳，我們才能在預計的日期完成結帳跟匯款，但若能將自動轉帳與投資連結，就能發揮更強大的力量。

Finish Rich的創辦人大衛‧巴哈（David Bach）的暢銷書《自動理財法》建議，可將退休金、緊急預備金、夢想預備金（為實現夢想的費用）的處理自動化。所謂的自動化，即是設定「自動轉帳」。為了達到投資報酬率，你可在有所得時，自動轉帳一定的金額去投資帳戶，這就是自動理財法的核心。用自動轉帳建立的投資系統，即使你不特別去關注，它也會自行運作，並隨時間成長。

若要走得遠，燃料就要足夠。如果把人生航路需要的錢比喻成飛機燃料，那愈充足愈好。航行距離愈遠，需要體型愈大

投資期間	每月投資10萬韓元	每月投資50萬韓元	每月投資100萬韓元
5年後	734萬韓元	3,673萬韓元	7,347萬韓元
10年後	1,829萬韓元	9,147萬韓元	1億8,294萬韓元
20年後	5,890萬韓元	2億9,451萬韓元	5億8,902萬韓元
30年後	1億4903萬韓元	7億4,517萬韓元	14億9,035萬韓元

*為計算方便，未考慮稅金等費用

的飛機。而飛機愈大，燃料桶也就愈大。在倒入燃料時，為了防止突發狀況，會在填裝的過程中預留空間。畢竟事關乘客的安全。

投資有很多部分跟飛機燃料類似，但有一點不大相同，飛機的燃料桶有既定大小，而且只要在出發前裝好即可（雖然有空中加油機，但主要應用在軍機或特殊情況）；但投資並無大小限制，且愈早開始愈有利。

假設投資報酬率的年複利是8％，假使每個月投資一定金額時，之後會發生什麼事呢？

結果你可能已經知道了——投資金額愈大，投資的效果也就愈大。只不過，投資時間短的話，差異就不明顯了。若5年期間每個月投資10萬韓元，會滾出734萬韓元，每個月投

資100萬韓元時，則會滾出7,347萬韓元，約多了6,613萬韓元（投資本金差異則是5,400萬韓元）。

不過，若投資期間更長，複利效果帶來的差距就會變得更大。假如30年期間每月投資10萬韓元，結果會滾出1億4,903萬韓元，每月投資100萬韓元時，則是14億9,035萬韓元，這中間差了約13億4,132萬韓元。投資本金的差異不過3億2,400萬韓元。

也因此，如果希望提升投資中的複利效果，建議可以盡早開始。在所得提高或有閒置資金時，就可將其放到投資的帳戶中。如果希望有效執行，還可建立「拿所得的一定比例來投資」之類的規則。

再平衡與TDF

飛行中可能會遇到不穩定的氣流，甚至導致飛行高度降低或延遲抵達。相反的，也可能因噴射氣流的影響縮短飛行時間，這時就可選擇依自動駕駛系統找原航線，或由駕駛員手動操縱。

投資環境也同樣變化多端，甚至比天氣更難預測，這也導

致投資組合隨著時間經過，與原先不同，因此需要再平衡。再平衡會將比原來比例變高的資產賣出，再買進比例變低的資產。然而這樣做的話，會在賣出、買進過程中產生稅金、手續費等費用。

　　而再平衡的另一個作法，是利用每月投資金買進比重變低的資產。例如，若股票下跌後，比原本的比重低，則只用每月投資金買進股票，不增加債券或現金，進而提高比重。這樣做的話，雖然會花一點時間，但即使不賣出資產，也能達到再平衡的效果。

　　你也可利用TDF（Target Date Fund）。TDF是指在特定時間點領出資產並應用的基金。一般會將退休的時間當作目標日期，好比像TDF2030、TDF2040、TDF2050等，TDF後面的數字即為目標日期。離目標日期愈遠，股票的比重就會愈高，以提高獲利；離目標日期愈近，則會降低股票比重，以減少損失。

　　一般再平衡會由投資者親自在投資組合內賣出或買進，但TDF基金主要由基金經理人操作，配合資產分配及退休時機進行再平衡。如果你覺得親自做再平衡很累，適當利用TDF應該會很有幫助。

　　人容易被困在金錢的迷宮之中，這是因為長久以來的習慣、不合理的信念、難以面對的情緒造成。有時你會嘗試離開這個迷宮，卻始終只在原地徘徊。之後因不斷歷經失敗，憤而決定不再關心錢。但即使這麼做，也無法改變困在金錢迷宮中的事實。

　　為了從迷宮中離開，你需要翅膀。你必須像代達洛斯[1]一樣，用羽毛跟蠟製作翅膀逃出迷宮，往天空飛翔。只要改變觀點，你的視野就會變廣，也就不會被困在複雜的迷宮之中。你可以透過這本書介紹的消費儀式、書寫財務自傳等自動致富程序5階段，改變自己對錢的看法，並與金錢建立健康的關係。

　　許多人夢想的「財務自由」不是輕易到達的目標，脫離迷宮的代達洛斯跟伊卡洛斯，之後還得面對炙熱的太陽跟險峻的大海。

---

1. 希臘神話人物，曾與兒子伊卡洛斯製作翅膀，並逃離囚禁兩人的小島

請務必記得伊卡洛斯太過靠近太陽而墜落的下場，若飛得太低，翅膀也可能因海水的溼氣而變重而掉落。你需要的，是不會飛太高或太低的智慧。

　　往後的經濟環境會愈來愈複雜。或許改變將成為常態，預測不再有意義。若希望在高齡化、經濟蕭條、通膨、政策變化中存活，風險管理跟投資這兩雙翅膀必須穩固，你才能好好飛翔。訂好每月、每季、每半年、每年等週期來執行金錢儀式，你就會感覺到處理錢的能力在漸漸增強。

　　當你能面對金錢而非刻意迴避時，就可與金錢建立全新的關係。如果能夠擺脫「要有更多錢才能解決問題」的觀點，就能看到新的道路。你已經擁有充分的能力跟資源，希望各位都能透過金錢儀式逃離金錢迷宮，自在飛翔。我為各位加油。

對寫財務自傳時有幫助的提問
對於錢的最初記憶為何？
對於母親與錢的記憶為何？
對於父親與錢的記憶為何？
家人對於錢最常說的話是什麼？
拿到零用錢後做了什麼？
生日或節日是如何度過的？
曾有某件事情讓你意識到自己比其他人窮或有錢嗎？
當時的感覺與之後的行動為何？
你有偷過他人的錢或東西嗎？
第一份月薪是怎麼使用的？
跟朋友出去用錢時，有什麼樣的經驗或感覺？
曾因為錢而遇到困難嗎？
對錢所做過最好的決定是什麼？
對錢所做過最後悔的決定是什麼？
是否有影響該決定的人或根據？
財務自傳中經常出現的字眼或訊息有哪些？
你透過財務自傳發現了什麼事實、信念？
你在財務自傳中想給自己的話是什麼？

現金流量表

所得		支出	
項目	金額	項目	金額
勞動所得		儲蓄&投資	
事業所得		貸款償還	
利息所得		稅金	
股利所得		生活費	
其他所得		其他	
總收入（A）		總支出（B）	
		超額或不足 （A）－（B）	

資產負債表

資產		負債與淨資產	
項目	金額	項目	金額
金融資產		擔保貸款	
不動產		信用貸款	
使用資產		其他負債	
其他資產		淨資產	
總資產		負債與淨資產	

Orange Money 13

讓錢自動流向你

─將過去「漏財思維」打掉重練，
5 步驟踏上致富之路

鄭在起 · 著

出版發行 橙實文化有限公司 CHENG SHI Publishing Co., Ltd
粉絲團 https://www.facebook.com/OrangeStylish/
MAIL: orangestylish@gmail.com

作　　者　鄭在起
翻　　譯　陳慧瑜
總 編 輯　于筱芬 CAROL YU, Editor-in-Chief
副總編輯　謝穎昇 EASON HSIEH, Deputy Editor-in-Chief
業務經理　陳順龍 SHUNLONG CHEN, Sales Manager
美術設計　楊雅屏 Yang Yaping
製版／印刷／裝訂　皇甫彩藝印刷股份有限公司

編輯中心
ADD ／桃園市中壢區永昌路 147 號 2 樓
2F., No. 147, Yongchang Rd., Zhongli Dist., Taoyuan City 320014,
Taiwan (R.O.C.) 337, Taiwan (R.O.C.)
TEL ／（886）3-381-1618　FAX ／（886）3-381-1620

全球總經銷
聯合發行股份有限公司
ADD ／新北市新店區寶橋路 235 巷弄 6 弄 6 號 2 樓
TEL ／（886）2-2917-8022　FAX ／（886）2-2915-8614

初版日期 2023 年 9 月